# Les Globe-trotteurs 3

## Auteurs

Christelle Barbera
David Escudero
Stéphanie Pace (DELF)

www.emdl.fr/fle

# SOMMAIRE

## UNITÉ 1
### Connectés p. 5
- Leçon 1 p. 6
- Leçon 2 p. 8
- Leçon 3 p. 10
- Autoévaluation p. 12

## UNITÉ 2
### La maison p. 13
- Leçon 1 p. 14
- Leçon 2 p. 16
- Leçon 3 p. 18
- Autoévaluation p. 20

## UNITÉ 3
### Fictions p. 21
- Leçon 1 p. 22
- Leçon 2 p. 24
- Leçon 3 p. 26
- Autoévaluation p. 28

## UNITÉ 4
### À table ! p. 29
- Leçon 1 p. 30
- Leçon 2 p. 32
- Leçon 3 p. 34
- Autoévaluation p. 36

## UNITÉ 5
### Des ados engagés p. 37
- Leçon 1 p. 38
- Leçon 2 p. 40
- Leçon 3 p. 42
- Autoévaluation p. 44

## UNITÉ 6
### Voyages p. 45
- Leçon 1 p. 46
- Leçon 2 p. 48
- Leçon 3 p. 50
- Autoévaluation p. 52

### DELF p. 53

### Transcriptions p. 64

### Cartes p. 69

# LES GLOBE-TROTTEURS

Elle est française et elle habite à Marseille. Elle utilise beaucoup son téléphone portable et communique avec ses ami(e)s grâce à des applications comme Snapchat. Elle s'intéresse beaucoup aux nouvelles technologies et aux objets connectés.

CAMILLE

Il habite à Rennes dans le nord-ouest de la France, en Bretagne. Il adore la musique celtique, la musique traditionnelle de sa région, et il parle un peu breton, la langue régionale !

MAËL

Elle est sénégalaise et elle vient de Dakar, la capitale du Sénégal. Elle est passionnée de littérature et elle aime aussi beaucoup écrire des histoires.

AMINATA

C'est une jeune Française originaire de Martinique, une île des Antilles françaises. Elle habite dans la ville principale, Fort-de-France, et son activité préférée, c'est la cuisine. Et elle adore manger aussi !

LOUNA

Il est français et vient de Lille, dans le nord de la France, à côté de la Belgique. Il est très sportif, il pratique le handball plusieurs fois par semaine, et il est bénévole dans une association qui aide les jeunes du Mali.

MARTIN

Il habite en Haïti dans la ville de Port-au-Prince. Il adore voyager et faire découvrir son pays aux touristes qui viennent le visiter. Il a un caractère assez aventureux et il n'a pas peur de faire de nouvelles expériences !

ÉLIAN

# 1 Connectés

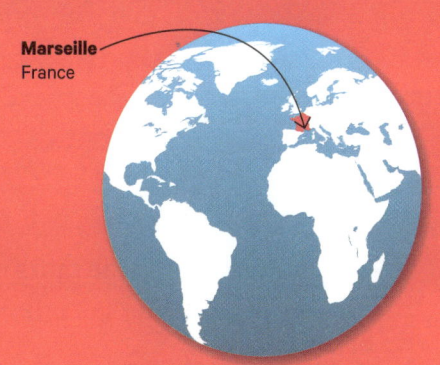
Marseille
France

Teste tes connaissances avant de commencer ! Réponds aux questions.

**A** Imagine les questions qui ont été posées.
  a. Plus tard, je veux être astronaute.
  b. J'adore l'éducation physique et sportive.
  c. Je fais de la natation tous les mercredis après-midi.

**B** Transforme les phrases au passé composé.
  a. Elle mange du poisson.
  b. Nous visitons le Colisée de Rome.
  c. Je fais du traîneau au Canada.

**C** Complète les phrases avec *avoir mal au / à la / à l' / aux*.
  a. J'... dos.
  b. Elles ... dents.
  c. Nous ... gorge.
  d. Tu ... oreille.

Vue sur le Vieux-Port, Marseille.

# Leçon 1 ▸ Je parle des objets quotidiens et des objets numériques

## 1. MES OBJETS DU QUOTIDIEN

**A** Complète la grille de mots croisés avec les noms d'objets de ton quotidien. Tu peux consulter la page 16 de ton manuel, si nécessaire.

1. Il sert à appeler, à envoyer des messages…
2. Ils servent à se déplacer.
3. Il sert à jouer et à se détendre.
4. Elle sert à regarder des films, à jouer en ligne…
5. Il sert à décorer ses vêtements.
6. Elle sert à écouter de la musique.

**B** Choisis trois objets de l'activité A et décris-les. Aide-toi des étiquettes.

C'est en plastique… | Je m'en sers pour… | C'est génial pour… | C'est utile pour…

## 2. L'INTERDICTION

**A** 🔊1 Vrai ou faux ? Écoute et coche la bonne case. Puis, corrige les phrases fausses.

| Dans le musée | Vrai | Faux |
|---|---|---|
| 1. On a le droit de garder son sac à dos. | | |
| 2. Il faut éteindre son téléphone. | | |
| 3. Les photos sont autorisées. | | |
| 4. Il est interdit de manger et de boire. | | |
| 5. On n'a pas le droit de mettre de la musique. | | |

6 | six

**B** Qu'est-ce que tu n'as pas le droit de faire à l'école ?
Utilise *On n'a pas le droit de* ou *Il est interdit de* pour décrire ces interdictions.

1. Pendant les cours, _____

2. En classe, _____

3. Dans la cour de récréation, _____

4. Pendant un examen, _____

## 3. LE FUTUR PROCHE

**A** Complète les phrases en conjuguant les verbes entre parenthèses au futur proche.
1. Avec cette application, je _____ (**apprendre**) dix nouveaux mots par jour.
2. On _____ (**se promener**) dans le Vieux-Port de Marseille.
3. Tu _____ (**utiliser**) ton vrai nom ou un pseudo pour ton compte ?
4. Demain, vous _____ (**visiter**) le musée et nous _____ (**manger**) une glace !

**B** Observe et dis ce qu'ils/elles vont faire.

1  2  3

Elle _____   Ils _____   Il _____

**C** Imagine l'objet numérique de tes rêves et dis ce que tu vas faire avec. Écris trois phrases.
1. _____
2. _____
3. _____

# Leçon 2 ▶ Je parle des réseaux sociaux et des applications

## 1. INTERNET ET RÉSEAUX SOCIAUX

**A** Qu'est-ce que tu peux faire avec les réseaux sociaux ? Écris six phrases à l'aide des étiquettes.

regarder   envoyer   jouer
créer   tchatter   poster

1. ...........................................................
2. ...........................................................
3. ...........................................................
4. ...........................................................
5. ...........................................................
6. ...........................................................

**B** Entoure le verbe qui convient.

*Découvrir Marseille à travers trois comptes / profils Instagram*

@56massilia est une photographe marseillaise qui **sort / prend** des photos en noir et blanc. Des clichés qui donnent une jolie touche vintage à la ville !

Tu aimes le street art ? **Inscris-toi / Suis** le compte Instagram @linda_be_diaf pour savoir où sont les plus beaux graffitis de Marseille.

@Marseille_en_bouche : ce Breton, installé à Marseille depuis 17 ans, **publie / regarde** les photos des plats qu'il déguste dans les restaurants de la ville. Une inspiration pour tous les gourmands !

## 2. LE PASSÉ COMPOSÉ

**A** Avec quel auxiliaire se conjuguent ces verbes ? Place-les dans la bonne colonne, puis écris le participe passé correspondant.

| Avec l'auxiliaire *avoir* | Avec l'auxiliaire *être* |
|---|---|
| manger → mangé | arriver → arrivé(e) |
|  |  |
|  |  |
|  |  |

8 ı huit

**B** Complète cette biographie de Squeezie en conjuguant les verbes entre parenthèses au passé composé.

Squeezie, de son vrai nom **Lucas Hauchard**, est un youtubeur très populaire en France. Ce passionné de jeux vidéo ........................ (**naître**) en 1996.

Il ........................ (**commencer**) sa première chaîne YouTube consacrée à un jeu de rôle en ligne en 2008 !

Puis, en 2011, il ........................ (**créer**) sa chaîne actuelle à l'âge de 15 ans.

À côté de cette passion, Lucas ........................ (**continuer**) ses études au lycée et ........................ (**obtenir**) son baccalauréat en 2013.

En décembre 2021, sa chaîne ........................ (**être**) la chaîne francophone la plus suivie sur YouTube avec 16,5 millions d'abonnés !

En 2020, Squeezie ........................ (**se lancer**) dans une carrière musicale. Il ........................ (**aller**) au Japon pour enregistrer son premier album rap.

Pendant l'hiver 2021, il ........................ (**participer**) à une compétition du « meilleur hit des années 2000 ». Avec deux amis, Myd et Krono, ils ........................ (**écrire**) le titre parodique *Time Time* en 72 heures. Dès le premier jour, cette chanson ........................ (**devenir**) la plus écoutée sur les plateformes Spotify et Deezer.

**C** 🔊 **2** Écoute la conversation entre Fanny et Léonard. Associe l'activité avec la bonne personne et écris la phrase au passé composé.

1. ne pas beaucoup dormir ........................ → ........................
2. faire du babysitting ........................ → ........................
3. jouer en ligne ........................ → ........................
4. aller au cinéma ........................ → ........................
5. tchatter sur WhatsApp ........................ → ........................
6. se coucher tard ........................ → ........................
7. voir Kylian Mbappé ........................ → ........................
8. mettre des photos sur Instagram ........................ → ........................

**D** Raconte au passé composé une aventure inoubliable que tu as partagée avec un(e) ami(e). N'oublie pas d'utiliser des connecteurs temporels : *d'abord, après, ensuite, puis, finalement...*

# Leçon 3 ▸ Je parle des dangers d'Internet

## 1. SUR INTERNET

**A** Observe cette infographie et écris des phrases en utilisant les adjectifs indéfinis proposés.

certains   quelques   tous   plusieurs   aucun

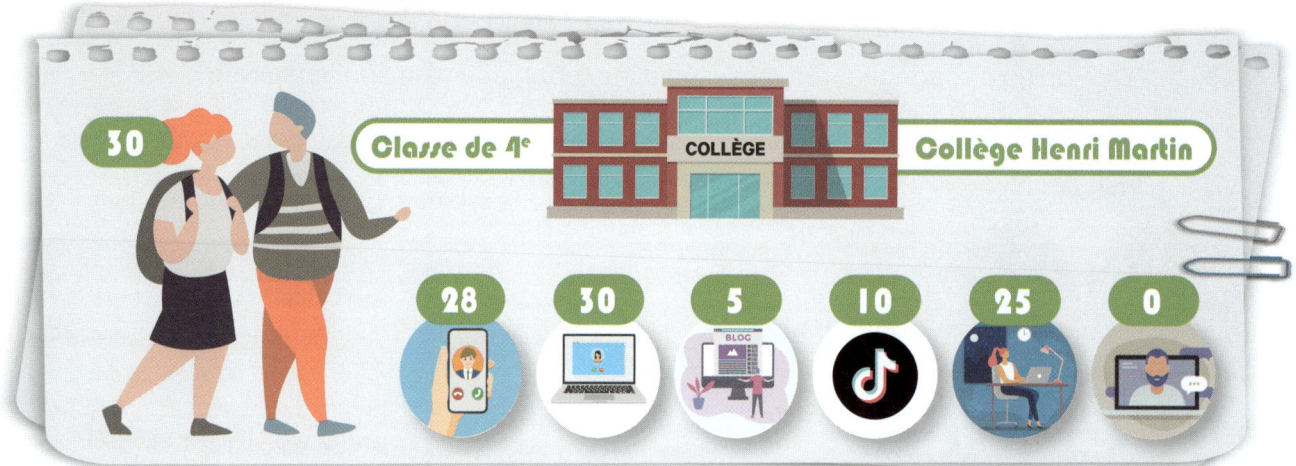

1. avoir un téléphone portable → Presque tous les élèves ont un téléphone portable.
2. utiliser Internet
3. avoir un blog
4. utiliser TikTok
5. consulter Internet le soir
6. parler avec des inconnus sur Internet

**B** Lis cette foire aux questions et donne des conseils.

www.internet-sans-probleme.fr/faq/

**Marjorie, 14 ans**
Qu'est-ce que je dois faire pour protéger mon compte sur les réseaux sociaux ?

**Morgane, 14 ans**
Je vais me créer un compte sur Instagram. Mes parents sont d'accord. Vous pouvez me donner des conseils ?

**Nicolas, 14 ans**
Je reçois beaucoup de publicité dans mes e-mails. Je ne sais plus quoi faire.

**Gabin, 15 ans**
Je crois que ma sœur utilise ma tablette pour aller sur Internet la nuit. Comment le vérifier ?

## 2. LA NÉGATION

**A** 🔊 3 Lis les questions. Puis, écoute et note la lettre de la réponse qui correspond.
1. (___) Tu achètes de la musique sur Internet ?
2. (___) Tu as des problèmes avec cette application ?
3. (___) Tu trouves des informations sur ce site web pour l'exposé ?
4. (___) Quelqu'un a répondu à ton message d'invitation pour ton anniversaire ?
5. (___) Tu comprends l'exercice de maths ?

**B** Lis les opinions des membres de ce forum et complète le tableau. Écris les prénoms.

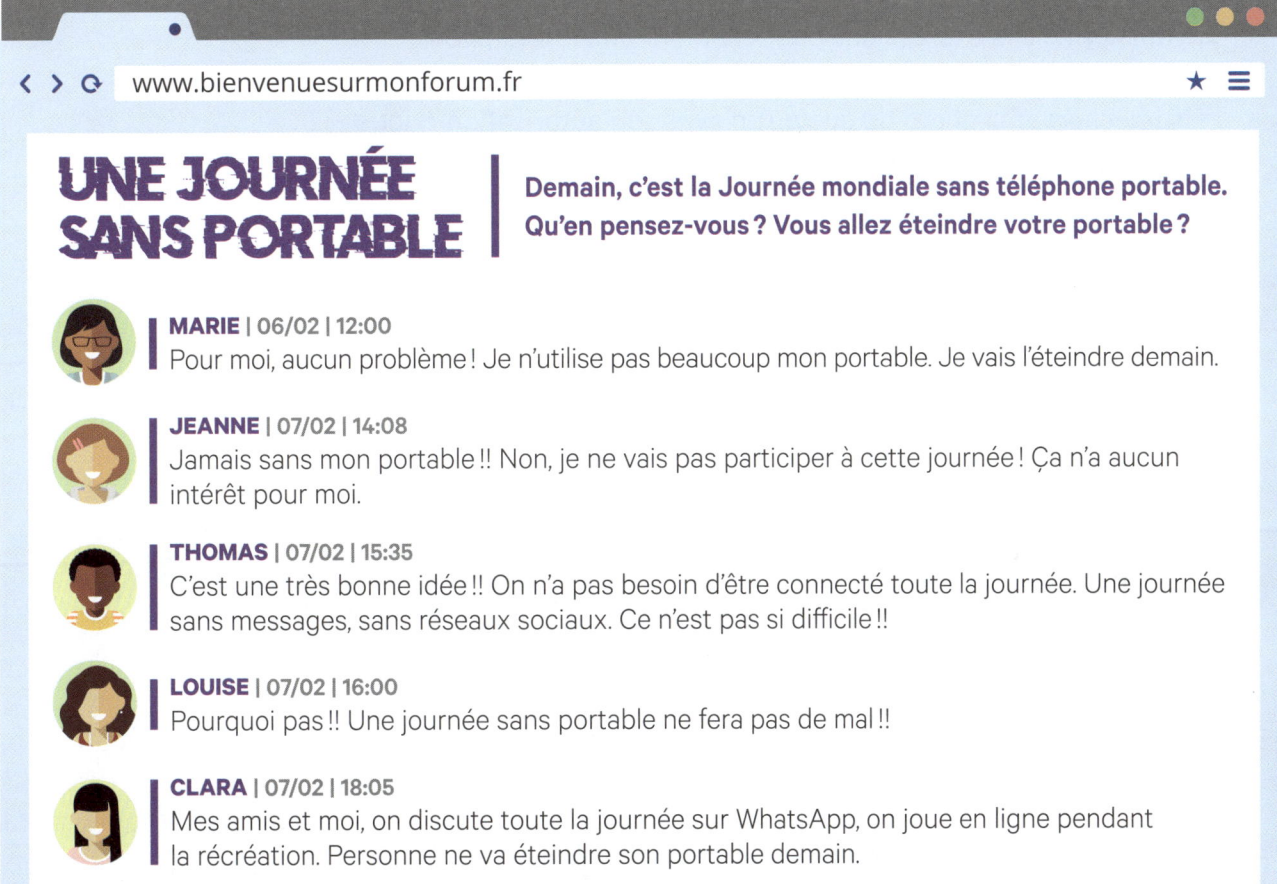

**UNE JOURNÉE SANS PORTABLE** | Demain, c'est la Journée mondiale sans téléphone portable. Qu'en pensez-vous ? Vous allez éteindre votre portable ?

**MARIE** | 06/02 | 12:00
Pour moi, aucun problème ! Je n'utilise pas beaucoup mon portable. Je vais l'éteindre demain.

**JEANNE** | 07/02 | 14:08
Jamais sans mon portable !! Non, je ne vais pas participer à cette journée ! Ça n'a aucun intérêt pour moi.

**THOMAS** | 07/02 | 15:35
C'est une très bonne idée !! On n'a pas besoin d'être connecté toute la journée. Une journée sans messages, sans réseaux sociaux. Ce n'est pas si difficile !!

**LOUISE** | 07/02 | 16:00
Pourquoi pas !! Une journée sans portable ne fera pas de mal !!

**CLARA** | 07/02 | 18:05
Mes amis et moi, on discute toute la journée sur WhatsApp, on joue en ligne pendant la récréation. Personne ne va éteindre son portable demain.

| OUI à la journée sans portable | NON à la journée sans portable |
|---|---|
|  |  |

**C** Et toi ? Est-ce que tu es pour ou contre une journée sans téléphone portable ?
Poste ton avis sur le forum.

....................................................................................................
....................................................................................................

# Autoévaluation

### Je sais utiliser le futur proche.

**1** Mets les verbes entre parenthèses au futur proche.
a. Vous _____ (**changer**) votre mot de passe immédiatement.
b. Mehdi _____ (**créer**) une application pour apprendre l'anglais.
c. Sarah et Éva _____ (**rechercher**) une ancienne copine sur Snapchat.
d. Nous _____ (**acheter**) un nouveau portable pour papa.
e. Je _____ (**copier**) la date de notre concert dans notre blog.

### Je sais exprimer l'interdiction.

**2** Transforme ces expressions pour exprimer une interdiction.
a. insulter ses camarades / tu → _____
b. télécharger la photo de quelqu'un sans son autorisation / nous → _____
c. ouvrir un compte Instagram / les moins de 13 ans → _____
d. dire des mensonges sur quelqu'un / vous → _____

### Je sais utiliser le passé composé.

**3** Complète ce texte en conjuguant les verbes entre parenthèses au passé composé.

L'année dernière, j'_____ (**voyager**) à Marseille avec mes parents. On y _____ (**aller**), ma mère, mon père, ma sœur et moi. On _____ (**se baigner**) dans la mer et on _____ (**manger**) des spécialités de la région. Tous les soirs, nous _____ (**se promener**) sur le port. Nous _____ (**visiter**) le Mucem. On a beaucoup aimé ! Le dernier jour avant de partir, on _____ (**assister**) aux semaines French Tech Aix-Marseille. Le voyage a été super !

### Je sais exprimer la négation.

**4** Mets les phrases à la forme négative.
a. Vous avez trouvé **quelque chose** d'amusant dans ce jeu ?
_____
b. Tu utilises **souvent** Twitter pour donner ton opinion.
_____
c. **Quelqu'un** connaît la réponse à cet exercice ?
_____

### Je sais utiliser les adjectifs indéfinis.

**5** Complète chaque phrase avec des adjectifs indéfinis : *tout, certain, quelque, aucun*.
Attention aux accords !
a. _____ adolescent n'aime les devoirs.
b. _____ professeurs sont sympas.
c. _____ mes copines ont un portable.
d. _____ élèves parlent allemand.

# 2 La maison

Teste tes connaissances avant de commencer ! Fais les activités.

A  Où se situe la Bretagne ? À l'est, à l'ouest, au sud ou au nord de la France ?

B  Devinette. Je suis un objet qui sert à aller sur Internet. Je suis pratique pour regarder des vidéos, lire et jouer. Je suis plus petite qu'un ordinateur mais plus grande qu'un téléphone. Que suis-je ?

C  Transforme la phrase au passé composé.
*Juliette ne va jamais en Bretagne.*

D  Remets les mots dans l'ordre. Attention, il y a un mot en trop !
*Rennes – va – Nous – découvrir – allons*

E  Complète la phrase.
*Maël range sa chambre ... les semaines.*

Maisons du centre historique de Rennes.

treize | 13

# Leçon 1 ▸ Je parle des pièces de la maison

## 1. C'EST CHEZ TOI

**A** Observe le plan de cette maison et reporte les chiffres correspondant à chaque pièce de la maison.

1. la salle à manger
2. le salon
3. la chambre d'enfant
4. la salle de bains
5. la chambre des parents
6. la cuisine
7. les toilettes (WC)
8. la terrasse

**B** Observe à nouveau le plan de l'activité A et complète le descriptif en utilisant *il y a, il n'y a pas de/d', il n'y a que/qu'*.

Cette maison n'est pas hyper grande : _____ deux chambres. Dans la chambre d'enfant, _____ un seul lit. _____ un grand salon et une grande cuisine. _____ une salle de bains, mais _____ des WC séparés. _____ une douche, mais _____ baignoire. _____ une terrasse, mais _____ garage. La maison est meublée ; dans les chambres _____ des lits, mais _____ armoires.

**C** Décris la maison ou l'appartement d'un membre de ta famille sur le modèle de l'activité B.

## 2. UN APPART TOUT ÉQUIPÉ

**A** 🔊 4 Thierry veut louer un appartement pour les vacances. Écoute la conversation et réponds aux questions.

1. Pourquoi Thierry veut louer un appartement ? Pour combien de personnes ?

2. Coche les équipements qu'il y a dans l'appartement.

- 📺 télévision ☐
- 🍽️ lave-vaisselle ☐
- 📶 Wi-Fi ☐
- 💨 sèche-cheveux ☐
- 🔥 cheminée ☐
- 🏡 jardin ☐
- 🏊 piscine ☐
- 🌡️ chauffage ☐
- 🏛️ terrasse ☐
- 🎮 console de jeux ☐
- 🧺 lave-linge ☐
- 🍖 barbecue ☐
- 🍲 micro-ondes ☐
- 🌀 sèche-linge ☐

3. Qu'est-ce qui ne convient pas à Thierry dans l'appartement ?

4. Que lui propose la propriétaire ?

5. Que décide Thierry ? Pourquoi ?

**B** Lis les définitions et complète les mots croisés.

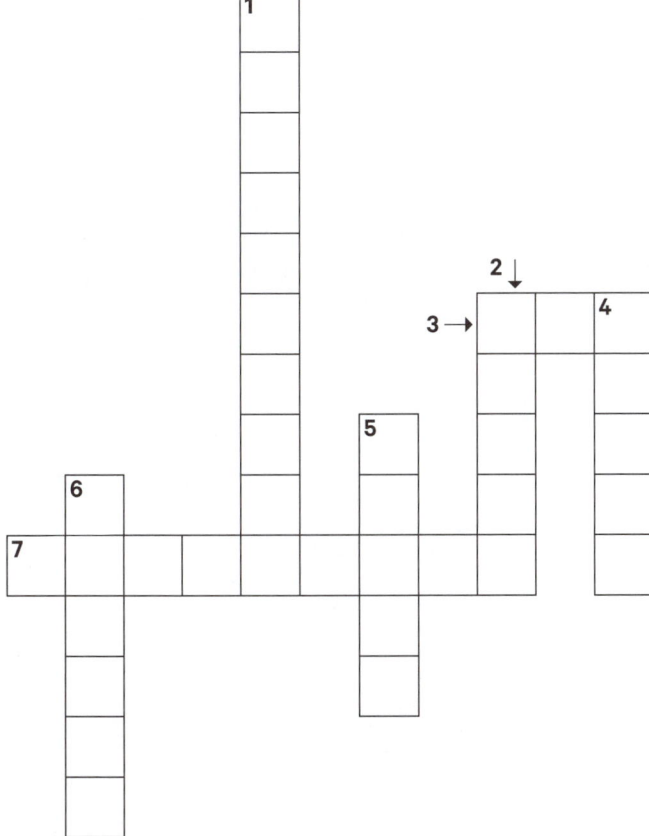

1. Tu l'utilises pour regarder des émissions.
2. Elle sert à t'éclairer.
3. Tu t'y couches pour dormir.
4. Tu peux poser des choses dessus.
5. Tu l'utilises pour conserver les aliments au frais.
6. Plusieurs personnes peuvent s'y asseoir ensemble.
7. Tu l'utilises pour prendre des bains.

# Leçon 2 ▸ Je compare des maisons et des objets de décoration

## 1. JE DÉCRIS DES OBJETS

**A** Observe et complète ces petites annonces.

Une _____
en _____
avec deux _____

Une jolie _____
en _____ et un coussin
en _____

Joli _____
en _____
idéal pour votre salon !

**B** À toi ! Écris une petite annonce de vente en ligne pour un de tes objets de décoration.

_____
_____
_____

## 2. LES COMPARATIFS

**A** Compare ces deux appartements en utilisant *plus/plus de… que*, *moins/moins de… que*, *autant/autant de… que* et *aussi… que*.

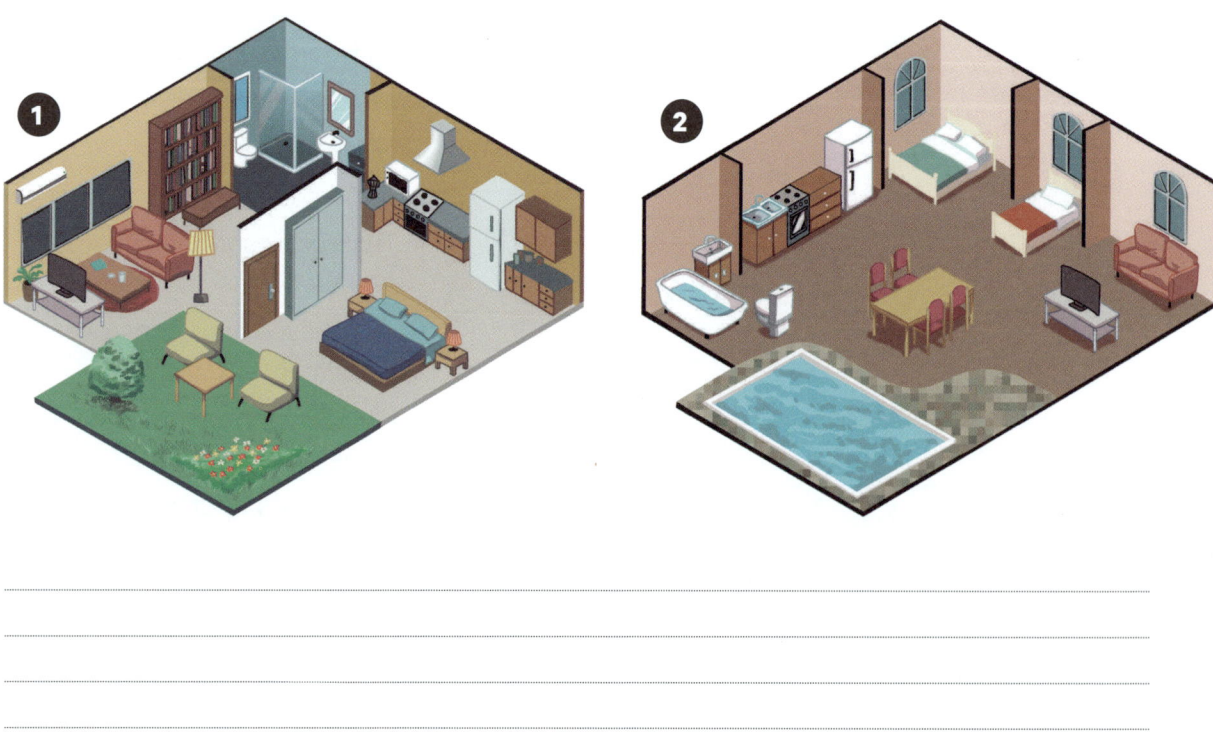

_____
_____
_____
_____

**B** Jeu des évidences. Complète les phrases avec les comparatifs qui conviennent.

1. Si l'appartement n° 21 est moins grand que l'appartement n° 22, c'est que le n° 22 est _____ que le n° 21.

2. Si le bureau est plus grand que la cuisine, c'est donc que la cuisine _____.

3. Si la maison A a trois chambres et la maison B a trois chambres, c'est donc que _____.

## 3. LE PRONOM Y

**A** Trouve à quoi fait référence le pronom *y*, puis réécris la phrase comme dans l'exemple.

| Nantes | le collège | la plage | ma chambre | le salon |

1. Les élèves y vont tous les jours pour apprendre. → *y* = le collège – Les élèves vont tous les jours **au collège** pour apprendre.

2. Nous y allons tous les ans en vacances. C'est une ville magnifique !
→ *y* = _____ – _____

3. Elle est décorée avec des posters de mes groupes préférés. J'y passe beaucoup de temps.
→ *y* = _____ – _____

4. Le soir, après dîner, nous nous y retrouvons pour regarder la télé.
→ *y* = _____ – _____

5. Avec mes cousins, l'été, on y va dès qu'il fait beau.
→ *y* = _____ – _____

## 4. LES SUPERLATIFS

**A** Réécris les phrases avec des superlatifs.

1. Cette pièce est belle. → C'est la pièce la plus belle !
2. Cet appartement est moche. → _____
3. C'est une ville triste. → _____
4. Ce logement est cher. → _____
5. Cette maison est géniale. → _____
6. C'est un endroit désagréable. → _____

**B** Fais des phrases selon le modèle en utilisant les superlatifs.

| l'objet | le lieu | l'activité | le film | le livre | le superhéros / la superhéroïne |

*Dune* est le film que j'aime le plus.

# Leçon 3 ▶ Je parle des tâches ménagères

## 1. JE DOIS TOUT RANGER !

**A** Entoure le verbe qui convient.

1. Ce matin, je **fais / passe** l'aspirateur.
2. Le jeudi soir, nous **mettons / sortons** les poubelles.
3. Après le repas, c'est toujours moi qui **débarrasse / mets** la table.
4. Le matin, je ne **fais / range** jamais mon lit.
5. Notre lave-linge est en panne : on doit **laver / ranger** le linge à la main !

**B** Observe l'image et dis ce que Maël va devoir faire pour mettre en ordre la pièce. Tu peux t'aider des illustrations !

## 2. L'OBLIGATION

**A** Mets ces phrases au pluriel.

1. Tu dois vider la machine et tu dois aussi étendre le linge.
   → Vous
2. Je dois nettoyer la douche.
   →
3. Elle doit faire les courses.
   →
4. Il doit passer l'aspirateur.
   →

**B** Transforme les phrases de l'activité précédente avec *c'est… qui…* selon le modèle.

1. C'est toi qui dois vider la machine et étendre le linge.
2.
3.
4.

## 3. TU FAIS QUOI CHEZ TOI ?

**A** 🔊 5 Écoute ces trois adolescents parler des tâches ménagères et complète le tableau.

|  | 😊 | 😞 |
|---|---|---|
| **1.** Clara |  |  |
| **2.** Yanis |  |  |
| **3.** Sophie |  |  |

**B** Et toi ? Qu'est-ce que tu aimes le plus ou que tu détestes le plus faire chez toi ?

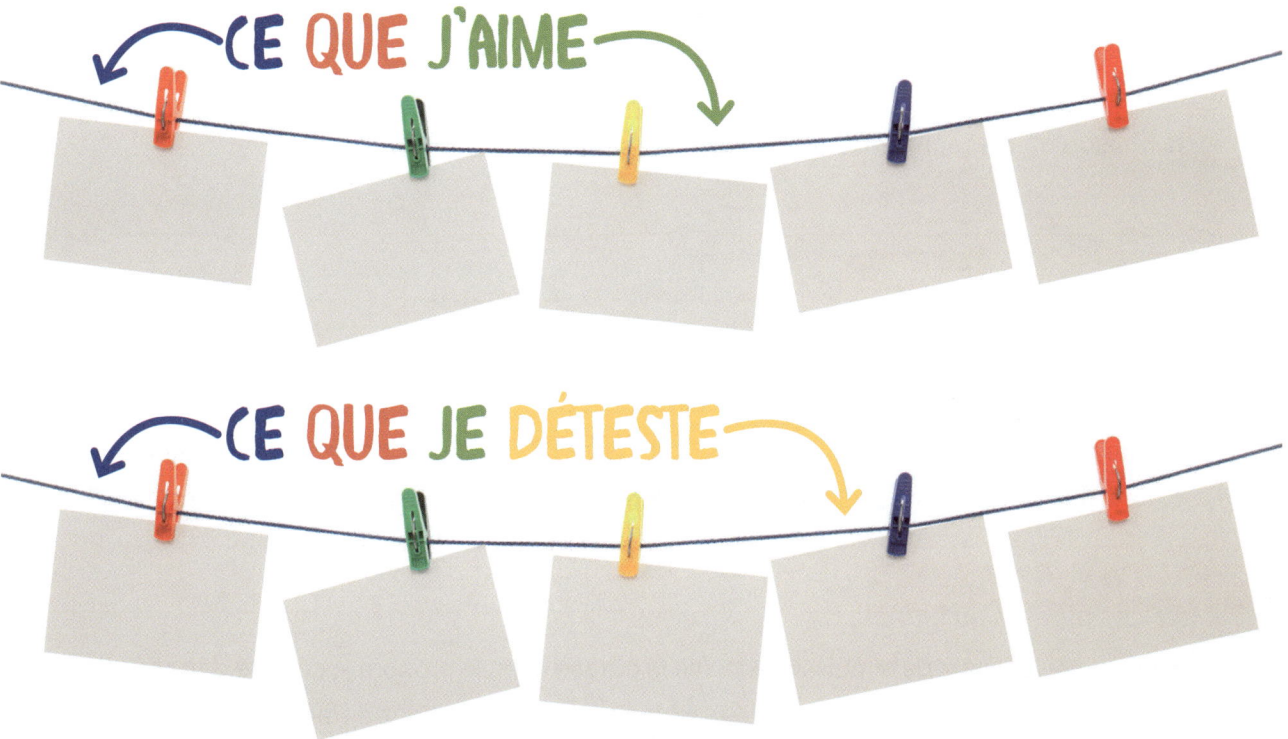

**C** 🔊 6 Écoute et complète le calendrier des tâches ménagères de la famille Dubois.

| Nom | Lundi | Mardi | Mercredi | Jeudi | Vendredi | Samedi | Dimanche |
|---|---|---|---|---|---|---|---|
|  |  |  |  |  |  |  |  |
|  |  |  |  |  |  |  |  |
|  |  |  |  |  |  |  |  |

dix-neuf | 19

# Autoévaluation

### Je sais utiliser *il y a*, *il n'y a pas de* et *il n'y a que*.

**1** Lis la petite annonce et décris le logement.

**Maison**
chambres : 4     salle de bains : 1
salon : 1     balcon : 1
terrasse : 0     bureau : 1

### Je sais utiliser les comparatifs.

**2** Écris des phrases en utilisant le comparatif comme dans l'exemple.
  a. Appartement de Rennes (3 pièces) / Appartement de Saint-Malo (3 pièces) → Dans l'appartement de Rennes, il y a autant de pièces que dans l'appartement de Saint-Malo.
  b. Maël : faire la vaisselle (❤ ❤ ❤) / ranger sa chambre (❤) → _____
  c. Léa : chambre spacieuse (+) / Jules : chambre spacieuse (+++) → _____
  d. Maison en Bretagne (100 m²) / Maison en Normandie (80 m²) → _____

### Je sais employer le superlatif.

**3** Complète les phrases avec un superlatif.
  a. Cet été, j'ai dormi dans une cabane sur pilotis. C'est _____ beau souvenir de ma vie !
  b. J'aime bien cet appartement mais pas le salon. C'est la pièce _____ lumineuse.
  c. Je trouve que Rennes et Toulouse sont les villes _____ agréables pour étudier.

### Je sais utiliser le pronom *y*.

**4** Souligne ce qui se répète, puis transforme la phrase avec le pronom *y*, comme dans l'exemple.
  1. Je pars en vacances <u>à Rennes</u>. Mes grands-parents habitent <u>à Rennes</u>.
     → Je pars en vacances à Rennes, mes grands-parents y habitent.
  2. J'adore mon appartement. J'aime être dans mon appartement pour travailler.
  3. Nous avons visité Montréal cet été. Nous sommes restés un mois à Montréal.
  4. Sam a déménagé à Nice. Il a acheté un appartement dans le centre-ville de Nice.

### Je sais exprimer l'obligation avec *devoir* + infinitif.

**5** Observe le tableau et dis quelles tâches ménagères ils doivent faire.

| | 🧺 (repasser) | 🧹 (aspirateur) | 🧺 (machine à laver) | 🗑 (poubelle) |
|---|---|---|---|---|
| 1. Amir | ✗ | | ✗ | |
| 2. Gérald et Layla (parents d'Amir) | | ✗ | | ✗ |

# 3
# Fictions

Teste tes connaissances avant de commencer ! Fais les activités.

A — Cite les quatre pièces les plus importantes qu'on trouve dans une maison.

B — Ta chambre est en désordre. Que dois-tu faire ?

C — Complète avec la bonne préposition.
*Une lampe ... métal, un bureau ... bois, un canapé ... cuir.*

D — Complète les comparaisons. Attention aux accords !
*En général, les acteurs de cinéma sont ... (+ bon) que les acteurs de télévision. Mais certaines séries sont ... (= intéressant).*

E — Quelle est la capitale du Sénégal ?

Dakar, Sénégal.

# Leçon 1 ▶ Je parle de livres, de films et de séries

## 1. LITTÉRATURE ET CINÉMA

**A** 🔊 7 Écoute les résumés de cinq romans populaires en France. Retrouve la couverture du livre correspondant à chaque résumé, puis associe-la à un genre littéraire.

A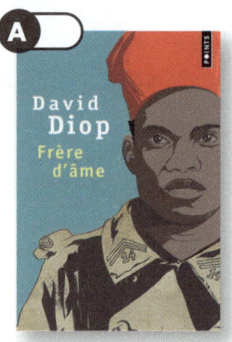
B
C
D
E

roman historique    roman initiatique    roman d'amour

roman policier    science-fiction

**B** Que suis-je ? Lis les devinettes et trouve la bonne réponse. Un indice : on parle de genres cinématographiques…

1. Je suis un petit film. Je dure moins de 20 minutes. → Je suis un court-métrage.
2. À la télévision ou sur Internet, on regarde mes épisodes et on attend avec impatience la prochaine saison. → Je suis _____
3. Avec moi, il n'y a pas d'acteurs à l'écran. Mes personnages et mes scènes sont des images ou des dessins animés. → Je suis _____
4. J'aime vous faire peur ! Pour cela, je choisis des personnages terrifiants, comme des fantômes, des vampires, des zombies ou encore des loups-garous.
→ Je suis _____

**C** Retrouve dans la grille les 15 mots cachés sur le thème de la littérature et le cinéma. Écris-les sans oublier les accents et les traits d'union.

| E | A | I | M | A | L | A | H | F | R | Y | R | T | D | P | H |
|---|---|---|---|---|---|---|---|---|---|---|---|---|---|---|---|
| C | Y | V | W | V | O | F | C | V | E | L | F | B | F | A | E |
| U | Y | X | O | E | N | F | D | A | X | T | U | I | A | G | E |
| H | B | Q | E | N | G | I | X | P | U | J | S | O | N | A | L |
| A | R | N | C | T | M | C | K | U | M | E | T | G | T | E | D |
| T | I | X | W | U | E | H | H | R | E | J | J | R | A | K | O |
| F | N | W | S | R | T | E | A | Y | A | W | O | A | S | K | C |
| L | H | A | Q | E | R | E | K | Q | O | I | A | P | T | A | U |
| G | E | U | M | S | A | O | M | M | V | J | A | H | I | U | M |
| H | R | U | H | H | G | R | O | M | A | N | T | I | Q | U | E |
| A | O | Q | E | F | E | E | Y | P | I | F | Z | Q | U | A | N |
| T | I | U | R | P | O | L | I | C | I | E | R | U | E | Z | T |
| I | N | C | O | U | V | E | R | T | U | R | E | E | G | E | A |
| P | E | R | S | O | N | N | A | G | E | J | Z | K | E | T | I |
| C | O | M | E | D | I | E | Q | O | H | B | F | F | Y | F | R |
| S | C | I | E | N | C | E | F | I | C | T | I | O | N | E | E |

## 2. QUEL, QUELS / QUELLE, QUELLES

**A** Complète les questions avec *quel, quelle, quels* ou *quelles*.

1. _____ est le genre littéraire que tu préfères ?
2. _____ est ton film favori ?
3. _____ héroïne de série a des pouvoirs magiques ?
4. _____ films sont à l'affiche au cinéma cette semaine ?
5. _____ sont les deux séries télévisées que tu aimes le plus ?
6. Les cow-boys ou les Indiens : _____ personnages tu préfères ?

**B** Maintenant, réponds aux questions de l'activité A.

1. _____
2. _____
3. _____
4. _____
5. _____
6. _____

## 3. EXPRIMER DES SENTIMENTS

**A** La série *Lupin* a permis de redécouvrir Arsène Lupin, le héros des romans policiers de Maurice Leblanc. Complète les commentaires de ces personnes qui comparent la série et les livres à l'aide des étiquettes.

> trouver    avoir peur    avoir envie
> avoir du mal    intéresser

1. Moi, j'ai envie de regarder cette série parce que j'adore Omar Sy. Et puis, j'ai déjà lu quelques romans de Maurice Leblanc. Donc, ça m'_____ aussi de voir comment on a adapté l'histoire.
2. Arsène Lupin ? C'est un personnage que je _____ ennuyeux. Donc, je ne vais pas regarder la série.
3. J'ai lu un livre à l'école et c'était nul. Alors, j'_____ de détester aussi la série.
4. J'ai vu toutes les saisons de *Lupin*. Je ne sais pas trop quoi en penser… J'_____ à comprendre pourquoi la série s'appelle *Lupin*, car ce n'est pas vraiment une adaptation des romans de Leblanc.

**B** Écris les phrases au pluriel.

1. Le personnage se sent perdu. → Les personnages _____
2. Cette série m'intéresse beaucoup. → Ces séries _____
3. J'ai envie de connaître la suite. → Nous _____
4. Ce livre ne m'intéresse pas. → Ces livres _____
5. L'héroïne se sentait très seule au début. → Les héroïnes _____
6. Tu as peur de t'ennuyer avec ce film. → Vous _____

# Leçon 2 ▸ Je raconte des histoires

## 1. IL ÉTAIT UNE FOIS...

**A** 🔊 8 Écoute et entoure la forme verbale que tu entends.
1. **J'aime / J'aimais** les nouvelles de science-fiction.
2. **J'ai regardé / Je regardais** beaucoup de films d'amour.
3. **Vous marchez / Vous marchiez** tranquillement dans la rue.
4. **Tu te concentrais / Tu t'es concentré** sur ton exercice.
5. **Nous avons / Nous avions** 15 ans.
6. **Ils écoutent / Ils écoutaient** le bruit de la mer.

**B** Complète en conjuguant les verbes entre parenthèses à l'imparfait.

> Il était une fois une reine vivant dans un grand château. Elle _____ (**se sentir**) triste car elle _____ (**vouloir**) un enfant, mais elle _____ (**penser**) qu'elle _____ (**ne pas pouvoir**) devenir mère.
>
> Un beau jour, son rêve est devenu une réalité : la reine a donné naissance à une petite fille. Elle _____ (**avoir**) la peau blanche comme la neige, sa bouche _____ (**être**) rouge comme le sang et ses cheveux _____ (**être**) noirs comme de l'ébène. On _____ (**appeler**) cette enfant Blanche-Neige.

## 2. HISTOIRES ROMANTIQUES

**A** Remets dans l'ordre les étapes de ce récit romantique raconté par Camila.

a. ( ) Un jour, je faisais mes devoirs à la maison. Soudain, quelqu'un a sonné à la porte. Je suis allée ouvrir : personne... D'abord, j'ai pensé à une mauvaise blague. Puis, j'ai baissé les yeux et j'ai trouvé le CD de mon artiste préféré sur le sol. C'était un lundi.

b. ( ) Le lendemain, à la même heure, on a sonné de nouveau. Cette fois-ci, j'ai couru à la porte, mais c'était trop tard : il y avait une boîte de chocolats posée sur le sol !

c. ( ) Enfin, j'avais une réponse à ce mystère !

d. ( ) Quand le dernier jour, le vendredi, est arrivé, je voulais absolument découvrir la vérité. Nerveuse, j'attendais derrière la porte. Tout à coup, on a sonné, j'ai ouvert : c'était Jan, mon ami d'enfance, avec une place de concert pour mon groupe préféré !

e. ( ) Ça a continué les jours suivants. Chaque après-midi, je trouvais de nouvelles choses : une peluche, un panier avec mes fruits préférés... Résultat : j'avais plein de cadeaux et je ne savais toujours pas de qui ils provenaient, ni pourquoi.

**B** Mettez-vous à la place de Jan et écrivez cinq phrases pour décrire ses sentiments. Aidez-vous des expressions proposées.

| rester bouche bée | avoir le cœur qui bat à cent à l'heure |
| espérer | trouver | avoir une boule dans le ventre |

*Quand j'avançais vers sa porte d'entrée, j'avais une boule dans le ventre...* _____
_____
_____
_____

## 3. CONTES TRADITIONNELS

**A** Replace les marqueurs de temps suivants dans l'ordre chronologique :
*le mois d'après • l'année suivante • la veille • il y a longtemps • le lendemain.*

ce jour-là

**B** On peut voir beaucoup d'animaux sauvages au Sénégal. Ils inspirent au griot des personnages de contes, comme dans *La Hyène et l'aveugle*. Complète ces mots croisés. Tu peux t'aider d'un dictionnaire.

# Leçon 3 ▸ Je résume les thèmes de livres, de films et de séries

## 1. QUELLES HABITUDES DE LECTURE ?

**A** Quelles sont les différences entre lire un livre papier et lire sur une tablette ?
Que fait-on avec l'un ou l'autre support, ou les deux ?
Coche la / les bonne(s) réponse(s).

1. Je peux agrandir les caractères pour lire plus facilement. ☐ ☐
2. Je peux tourner les pages. ☐ ☐
3. Je peux ajouter un dessin ou une note sur la page au crayon. ☐ ☐
4. Je peux écouter le texte en audio. ☐ ☐
5. Je peux toucher et sentir le papier. ☐ ☐
6. Je peux le prêter à un(e) ami(e). ☐ ☐
7. Je dois recharger la batterie. ☐ ☐

**B** 🔊 9 Écoute le micro-trottoir et écris la question correspondant à chaque témoignage de ces Français qui vivent en Italie.

> Que lisez-vous en ce moment ?
> Pourquoi aimez-vous lire ?
> Quand est-ce que vous lisez ?
> Où trouvez-vous des livres en français ?

1. _____
2. _____
3. _____
4. _____

**C** Transforme ces questions dans un style plus courant ou familier.

1. Quand Léopold Sédar Senghor est-il né ?
   → Quand est-ce que Léopold Sédar Senghor est né ? Léopold Sédar Senghor est né quand ?

2. Dans quelle langue écrivait-il ?
   → _____

3. Qu'a-t-il écrit ?
   → _____

4. Où a-t-il fait ses études ?
   → _____

5. Durant combien d'années a-t-il été président du Sénégal ?
   → _____

6. Qu'a-t-il encouragé ?
   → _____

## 2. JE DONNE MON AVIS

**A** Lis ces commentaires. Classe-les du plus positif au plus négatif : associe-les au nombre d'étoiles correspondant.

1. Ce bouquin, il n'est pas terrible.
2. J'ai adoré ce manga, il est super chouette !
3. Je trouve que cette BD est intéressante.
4. La poésie, qu'est-ce que ça m'ennuie !

a. ★★★★
b. ★★★☆
c. ★★☆☆
d. ★☆☆☆

**B** Réécris les phrases en utilisant les expressions de l'opinion indiquées entre parenthèses.

1. Je n'aime pas les films d'amour.
   → (**trouver**) Les films d'amour, je trouve ça ennuyeux.
2. Je déteste la poésie.
   → (**intéresser**) _____
3. Les romans policiers sont ennuyeux.
   → (**ennuyer**) _____
4. J'adore les nouvelles de science-fiction.
   → (**penser**) _____
5. C'est génial de devenir conteur.
   → (**penser**) _____
6. C'est une très bonne idée de faire un blog.
   → (**trouver**) _____

**C** 🔊 10 Écoute le dialogue et lis ces affirmations. Coche vrai ou faux, puis corrige les affirmations fausses.

| | Vrai | Faux |
|---|---|---|
| 1. Tristan a trouvé le spectacle ennuyeux. | | |
| 2. Aïssata a adoré l'histoire. | | |
| 3. Aïssata n'aime pas les contes. | | |
| 4. Tristan a beaucoup aimé le conteur. | | |
| 5. Tristan a déjà vu des spectacles de contes. | | |

# Autoévaluation

### Je sais exprimer des sentiments.

**1** Complète avec les bonnes expressions.
   a. J'_____ à comprendre la fin de l'histoire. Tu comprends, toi ?
   b. J'_____ de lire son dernier roman. Yann m'a dit qu'il est génial !
   c. J'_____ de m'ennuyer si on va voir le film historique. On choisit autre chose ?
   d. À cause de la musique du film, je _____ triste tout à coup.
   e. Je _____ d'apprendre ce conte par cœur. Ça ne m'intéresse pas.
   f. Quand je dois raconter une histoire aux autres, je _____ de parler, au contraire, j'adore ça.

### Je sais raconter une histoire en utilisant l'imparfait.

**2** Complète les phrases en conjuguant les verbes entre parenthèses à l'imparfait.
Hier, _____ (**être, je**) dans le bus et _____ (**lire, je**) un manga, quand un homme très bizarre est monté. _____ (**avoir, il**) un grand manteau rouge et _____ (**porter, il**) un bonnet. _____ (**devoir, il**) mourir de chaleur, parce qu'il _____ (**faire**) 30 °C quand même !
   a. Quand _____ (**être, nous**) enfants, _____ (**aller, nous**) chaque été au bord de la mer. Toute la famille _____ (**se réunir**) : mes tantes et mes cousins _____ (**être**) là aussi. _____ (**passer, on**) la journée à la plage et, le soir, _____ (**manger, on**) tous ensemble. _____ (**s'amuser, on**) bien.

### Je sais poser des questions.

**3** Remets les mots des questions dans le bon ordre.
   a. ton / préféré / est / quel / personnage _____ ?
   b. an / livres / tu / de / par / lis / combien _____ ?
   c. que / lis / est-ce / quand / tu _____ ?
   d. est-ce / ça / se passe / où / que _____ ?
   e. sur / n'aimes / pourquoi / lire / pas / tu / une / tablette _____ ?
   f. une / vous / est-ce / d'amour / histoire / que / connaissez / belle _____ ?

### Je sais exprimer mon opinion.

**4** Exprime ton opinion autrement.
   a. Ça m'intéresse. → À mon avis, _____
   b. Ça m'ennuie. → _____
   c. Je pense que c'est vraiment génial. → _____
   d. Cette nouvelle n'est pas super. → _____

# 4
## À table !

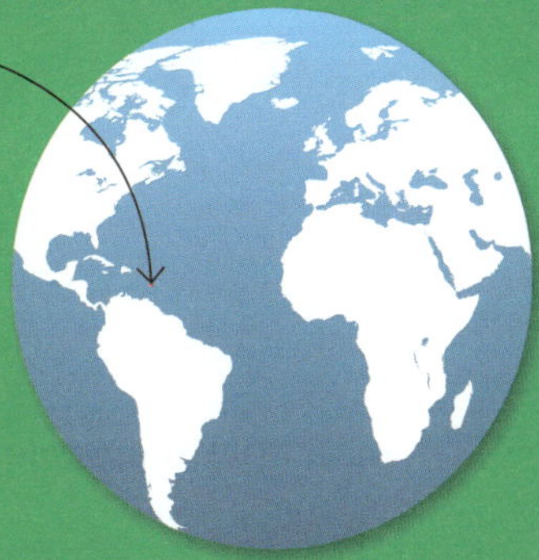

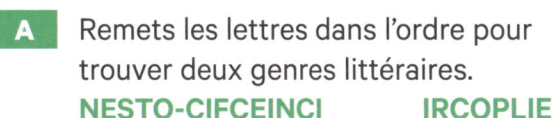
Fort-de-France
Martinique

Teste tes connaissances avant de commencer ! Fais les activités.

**A** Remets les lettres dans l'ordre pour trouver deux genres littéraires.
**NESTO-CIFCEINCI**     **IRCOPLIE**

**B** Entoure le bon mot.
*Quel / Quelle / Quels / Quelles* est *ta série préférée ?*

**C** Par quelle expression commencent habituellement les contes en français ?

**D** Conjugue le verbe *avoir* à l'imparfait.

**E** Parmi ces commentaires, lequel est positif ?

Je trouve l'histoire décevante.

C'est très réussi !    C'est super nul !

Ce n'est pas terrible.

Rue de Fort-de-France, Martinique.

# Leçon 1 ▶ Je parle de plats

## 1. L'ARTICLE PARTITIF

**A** Qu'est-ce qu'on prend au petit déjeuner dans le monde ?
Complète avec les articles partitifs *du*, *de la* ou *des*.

1. En France, on mange _____ baguette avec _____ beurre, _____ confiture et _____ croissants. On boit _____ café et _____ jus d'orange.
2. Au Japon, on mange _____ soupe miso avec _____ tofu, _____ saumon avec _____ légumes et _____ riz. On boit _____ thé vert.
3. Au Brésil, on mange _____ mangue ou _____ papaye, _____ pain avec _____ miel. On boit _____ café et _____ jus de fruits.
4. Au Maroc, on mange _____ crêpes avec _____ miel et _____ beurre, et _____ salade d'orange à la cannelle. On boit _____ thé à la menthe.

**B** Et toi ? Qu'est-ce que tu prends au petit déjeuner ? Dis ce que tu manges et ce que tu bois, puis fais un dessin.

Pour le petit déjeuner, je prends _____

**C** Lis ces deux recettes de cocktails et trouve les différences entre les ingrédients.

### Sunrise sans alcool

**Ingrédients**
- Du jus d'orange
- Du jus d'ananas
- Du sirop de grenadine
- Un citron vert
- Des glaçons

### Piña colada sans alcool

**Ingrédients**
- Du jus d'ananas
- Du lait de coco
- Du sirop de canne
- Deux gousses de vanille
- Des glaçons

Dans la recette du Sunrise, il n'y a pas de…

Dans la recette de la Piña colada, il n'y a pas de…

## 2. QUEL EST LE MENU DU JOUR ?

**A** 🔊 11 Écoute la conversation et barre les plats qui ne sont pas proposés au menu d'aujourd'hui.

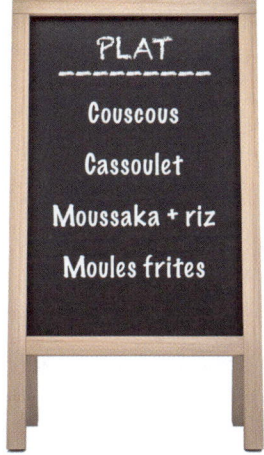

Qu'est-ce que le client a choisi dans le menu du jour ?

_____

## 3. LE PRONOM *EN*

**A** Que remplace le pronom *en* ? Retrouve l'image ou les images correspondant à ce que ces personnes ne peuvent pas manger.

1. Valentin est intolérant au gluten. Il ne peut pas **en** manger. → en = _____
2. Mila est végétarienne. Elle n'**en** mange pas. → en = _____
3. Floriane fait un régime sans sucre. Elle ne peut pas **en** prendre. → en = _____
4. Richard est allergique au lait. Il ne peut pas **en** boire. → en = _____

A — du gâteau au chocolat

B — des pâtes à la bolognaise

C — un milk-shake à la fraise

D — du poulet avec des frites

**B** Réponds aux questions en utilisant le pronom *en*.

1. • Tu veux du lait ?
   ○ Oui, j'en veux bien merci. / Non, je n'en veux pas.

2. • Tu veux du fromage ?
   ○ Oui, _____

3. • Ils mangent beaucoup de sucre ?
   ○ Oui, _____

4. • Je peux boire du café ?
   ○ Non, _____

5. • Vous avez déjà mangé du couscous ?
   ○ Non, _____

# Leçon 2 ▸ Je parle de goûts et d'habitudes alimentaires

## 1. LES GOÛTS ET LES SAVEURS

**A** Retrouve les saveurs contraires. Tu peux t'aider d'un dictionnaire.

CROQUANT  DOUX  ACIDE  PIQUANT  AMER  SUCRÉ
FONDANT  CRÉMEUX  FADE  MOU  ÉPICÉ  DUR  SEC  SALÉ

1. acide ≠ amer
2. ___ ≠ ___
3. ___ ≠ ___
4. ___ ≠ ___
5. ___ ≠ ___
6. ___ ≠ ___
7. ___ ≠ ___

**B** 🔊 12 Écoute les commentaires et coche la bonne réponse.
1. Il ☐ aime ☐ n'aime pas le cassoulet.
2. Elle ☐ aime ☐ n'aime pas le gratin de chou-fleur.
3. Elle ☐ aime ☐ n'aime pas le fondant au chocolat.
4. Il ☐ aime ☐ n'aime pas les endives.

**C** Selon le site Cuisineaz.com, voici les légumes que les Français détestent le plus. Et toi, tu aimes ça ? Exprime tes goûts à l'aide des étiquettes.

adorer   se régaler   être fan de   ne jamais se lasser de

## 2. LES QUANTITÉS

**A** Qu'est-ce qu'une alimentation équilibrée ? Observe le graphique et coche vrai ou faux. Puis, corrige les affirmations fausses.

|  | Vrai | Faux |
|---|---|---|
| **1.** On doit boire beaucoup d'eau. |  |  |
| **2.** On doit manger plus de légumes, moins de céréales et de pommes de terre. |  |  |
| **3.** Si je consomme un produit laitier (lait, fromage ou yaourt) deux fois par semaine, c'est trop. |  |  |
| **4.** On ne doit pas manger de matières grasses (beurre, huiles). |  |  |
| **5.** Je peux consommer quelques produits sucrés (bonbons, gâteaux, sucre) en petite quantité. |  |  |

**B** Tu organises une fête d'anniversaire. Décris-la en associant un adverbe de quantité et un nom. Attention aux accords !

| | |
|---|---|
| quelques | ami(e) |
| beaucoup de | gâteau |
| un peu de | boisson |
| plus de | décoration |
| assez de | musique |
| pas trop de | cadeau |

**Pour faire une super fête d'anniversaire...**

1. J'invite quelques ami(e)s.
2. Il y a
3.
4.
5.
6.

trente-trois | **33**

# Leçon 3 ▸ Je parle de recettes

## 1. ON CUISINE !

**A** Complète avec les expressions de la quantité en cuisine pour découvrir le mot mystère.

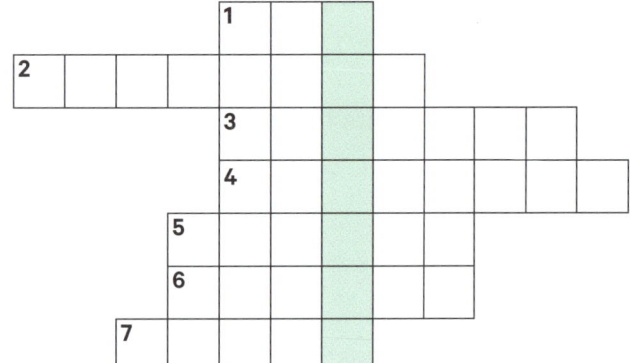

1. un ... de yaourt
2. une ... de miel
3. 100 ... de farine
4. une ... de citron
5. une ... de sel
6. un ... de levure
7. un ... de lait

Indice pour le mot mystère : une ... de pain.

**B** Voici une recette d'omelette aux pommes de terre. Écris le nom des ingrédients nécessaires, puis complète les étapes à l'aide des étiquettes.

éplucher | chauffer | battre | remuer | verser
faire cuire | retourner | couper | mélanger

### LES INGRÉDIENTS

### LES ÉTAPES

1. Éplucher et _____ les pommes de terre, l'oignon et le poivron. Mettre le tout dans un saladier, saler et mélanger.
2. _____ dans une poêle une bonne quantité d'huile, puis y verser les légumes.
3. _____ 10 minutes à feu moyen et _____ de temps en temps.
4. _____ les œufs. Les _____ sur les légumes et _____ .
5. Faire cuire 5 minutes et faire glisser l'omelette sur une assiette. _____ l'omelette dans la poêle et laisser cuire 5 minutes de l'autre côté.

## 2. STOP AU GASPILLAGE ALIMENTAIRE !

**A** 🔊 13 Écoute ces quatre témoignages et associe-les aux gestes anti-gaspillage.

| Témoignage 1 | Témoignage 2 | Témoignage 3 | Témoignage 4 |

1. Ne pas faire trop de courses à l'avance. →
2. Faire attention à la date limite de consommation des produits frais. →
3. Ne pas jeter les restes. →
4. Congeler les restes pour les cuisiner plus tard. →
5. Toujours finir son assiette. →
6. Partager notre nourriture avec les autres. →
7. Ne pas avoir les yeux plus gros que le ventre. →
8. Se servir des petites portions. →

**B** Et toi ? Est-ce que tu réalises au moins un des gestes anti-gaspillage de l'activité A ?

**C** Observe la campagne du ministère de l'Agriculture qui utilise des personnages de contes pour lutter contre le gaspillage. Imagine et présente une autre affiche pour cette campagne.

# Autoévaluation

**Je sais utiliser les articles partitifs et définis pour parler d'alimentation.**

**1** Complète avec l'article qui convient : *du, de la, des, de, d'* ou *le, la, les*.
  a. J'adore _____ pâtes et _____ riz. Mais je déteste _____ semoule.
  b. Pour une alimentation équilibrée, mangez _____ fruits et _____ légumes, _____ viande et _____ poisson, _____ produits laitiers et _____ pain.
  c. Tu aimes _____ chocolat ? Tu veux _____ gâteau au chocolat ?
  d. Il n'y a pas _____ viande dans ce plat ? Je suis végétarienne.
  e. Dans ma salade, il y a beaucoup _____ tomates, un peu _____ fromage, mais il n'y a pas _____ olives.

**Je sais utiliser le pronom *en*.**

**2** Transforme les phrases avec le pronom *en*.
  a. J'ai acheté des tomates. → J'en ai acheté.
  b. Je ne veux pas de dessert. → _____
  c. Il boit trop de café. → _____
  d. Vous n'avez pas acheté de légumes. → _____
  e. Nous allons préparer des biscuits. → _____
  f. Ils ne boivent pas assez d'eau. → _____

**Je sais exprimer mes goûts et préférences alimentaires.**

**3** Associe les expressions avec la bonne émoticône.
  a. C'est un vrai régal !
  b. Je ne suis pas fan de ça.
  c. C'est trop bon !
  d. Je déteste les haricots.
  e. Je suis intolérant au café.
  f. Je n'ai jamais aimé le poisson.
  g. J'adore les tomates.
  h. Je suis allergique aux noix.

**Je sais écrire une recette de cuisine.**

**4** Écris les instructions pour la recette de la compote de pommes.

1. _____
2. _____
3. _____
4. _____
5. _____
6. _____

# 5
# Des ados engagés

Teste tes connaissances avant de commencer ! Fais les activités.

**A** Quelle spécialité culinaire est typique de la région de Lille ?

le colombo    le cassoulet
la carbonade    la ratatouille

**B** Mets la phrase à la forme négative.
*Dans ce plat, il y a du fromage et des olives.*

**C** Cite les quatre repas de la journée.

**D** Explique l'expression *Je me régale !*

**E** Transforme la phrase en utilisant un pronom pour éviter la répétition.
*Je suis allergique aux œufs, je ne peux pas manger d'œufs.*

Place du Général-de-Gaulle, Lille.

# Leçon 1 ▶ Je parle des causes à défendre

## 1. LES PROPORTIONS

**A** Lis les titres de journaux, puis complète chaque phrase avec l'expression de proportion qui convient.

> *En France, seulement 33 % des élèves pratiquent une activité sportive*

> Harcèlement scolaire en France : 10 % des élèves se sentent harcelés

> En Espagne, 24,9 % des jeunes décrochent du système scolaire

> 61,3 millions d'enfants dans le monde ne sont pas scolarisés, dont 32 millions en Afrique subsaharienne

> Alphabétisation mondiale : 774 millions d'analphabètes dont 67 % de filles

| un élève sur dix | un quart | la moitié | un tiers | la majorité |

1. _____ des jeunes Français font du sport.
2. _____ des personnes qui ne savent pas lire ni écrire sont des filles.
3. Un peu plus de _____ des enfants qui ne vont pas à l'école vivent en Afrique subsaharienne.
4. _____ des Espagnols entre 18 et 24 ans ont quitté l'école sans diplôme.
5. En France, _____ se sent harcelé à l'école.

**B** Sur le modèle de l'activité A, cherche des informations et propose deux titres de journaux.

_____
_____

## 2. EXPRIMER SON OPINION

**A** 🔊 14 Écoute ces témoignages. De quels problèmes parlent-ils ? Quelles expressions d'opinion sont utilisées ? Complète le tableau.

| Témoignage | Problème évoqué | Expression(s) de l'opinion |
|---|---|---|
| 1. | | |
| 2. | | |
| 3. | | |
| 4. | | |
| 5. | | |

**B** Relie les expressions synonymes entre elles.

1. C'est choquant.
2. C'est surprenant.
3. C'est scandaleux.
4. C'est révoltant.
5. C'est incroyable.

a. Ça me surprend.
b. Je suis scandalisé(e).
c. Ça me choque.
d. Je ne peux pas y croire.
e. Ça me révolte.

## 3. TU ES BÉNÉVOLE ?

**A** Complète le texte de la page Internet de l'association Les Zécovilles avec les verbes proposés.

faire | aider | mobiliser | défendre | rejoindre | engager

www.leszecovilles.fr

Les Zécovilles

Devenir bénévole ? Vous avez envie de _____ une cause qui vous tient à cœur ?
Vous souhaitez vous _____ pour l'environnement et le développement durable ?
Vous avez du temps libre pour _____ du bénévolat et nous _____ à organiser des animations et des chantiers écologiques ? N'attendez plus pour vous _____ avec les Zécovilles de votre région !
Pour _____ notre équipe de bénévoles, contactez-nous via notre formulaire.

**B** Conjugue les verbes entre parenthèses au présent.

1. Nous _____ (**se mobiliser**) contre le changement climatique.
2. Vous _____ (**faire**) souvent du bénévolat ?
3. Elles _____ (**défendre**) les droits des animaux.
4. Je _____ (**rejoindre**) l'équipe de bénévoles.
5. C'est une fondation qui _____ (**aider**) les personnes en situation de handicap.

## 4. LES MOMENTS DE L'ACTION

**A** Écris le travail d'équipe de ces bénévoles en utilisant *venir de* + infinitif (passé récent), *être en train de* + infinitif (présent continu) et *aller* + infinitif (futur proche). Aide-toi de l'exemple.

Exemple : Marie et Samir (**créer une affiche**). Noa (**imprimer les affiches**). Vincent et Nouria (**partir les coller**). → Marie et Samir viennent de créer une affiche. Noa est en train d'imprimer les affiches. Vincent et Nouria vont partir les coller.

1. Jeanne (**relire le tract**). Noémie et Didier (**faire les photocopies**). Les autres bénévoles (**aller les distribuer**).
   → _____

2. Jaël et Mouna (**préparer les paniers repas**). Amélie (**répartir les paniers**). Manel (**partir livrer les paniers repas**).
   → _____

3. Grégoire et Aminata (**nettoyer les boxes**). Charles (**nourrir les chats**). Léa et Aïcha (**aller promener les chiens**).
   → _____

# Leçon 2 ▸ J'explique pourquoi et comment je m'engage

## 1. LES ACTIONS DE L'ENGAGEMENT

**A** 🔊 15 Écoute les présentations de ces quatre organismes, puis associe chaque audio au logo correspondant.

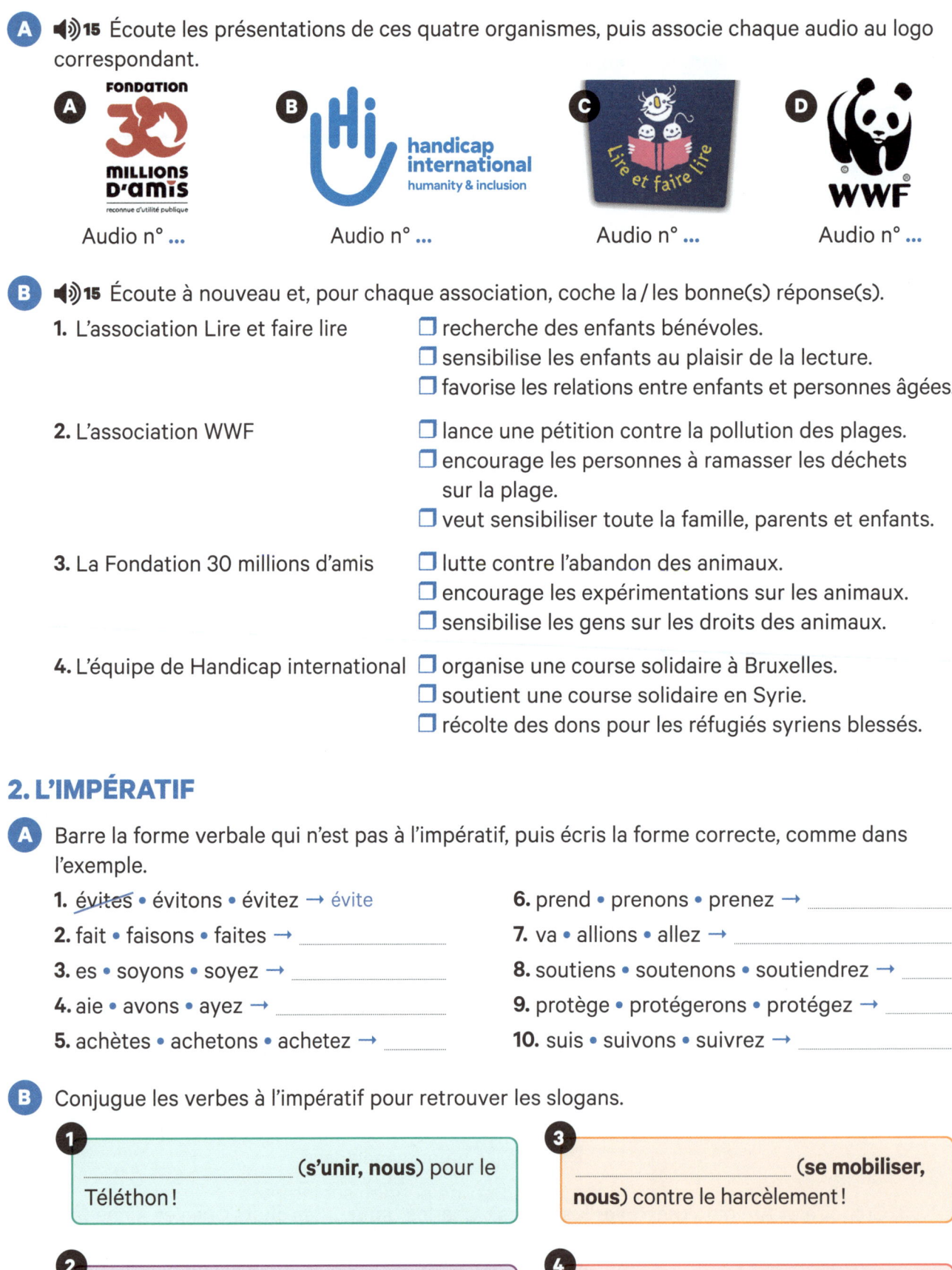

A — Audio n° ...
B — Audio n° ...
C — Audio n° ...
D — Audio n° ...

**B** 🔊 15 Écoute à nouveau et, pour chaque association, coche la / les bonne(s) réponse(s).

1. L'association Lire et faire lire
   ☐ recherche des enfants bénévoles.
   ☐ sensibilise les enfants au plaisir de la lecture.
   ☐ favorise les relations entre enfants et personnes âgées.

2. L'association WWF
   ☐ lance une pétition contre la pollution des plages.
   ☐ encourage les personnes à ramasser les déchets sur la plage.
   ☐ veut sensibiliser toute la famille, parents et enfants.

3. La Fondation 30 millions d'amis
   ☐ lutte contre l'abandon des animaux.
   ☐ encourage les expérimentations sur les animaux.
   ☐ sensibilise les gens sur les droits des animaux.

4. L'équipe de Handicap international
   ☐ organise une course solidaire à Bruxelles.
   ☐ soutient une course solidaire en Syrie.
   ☐ récolte des dons pour les réfugiés syriens blessés.

## 2. L'IMPÉRATIF

**A** Barre la forme verbale qui n'est pas à l'impératif, puis écris la forme correcte, comme dans l'exemple.

1. ~~évites~~ • évitons • évitez → évite
2. fait • faisons • faites → _____
3. es • soyons • soyez → _____
4. aie • avons • ayez → _____
5. achètes • achetons • achetez → _____
6. prend • prenons • prenez → _____
7. va • allions • allez → _____
8. soutiens • soutenons • soutiendrez → _____
9. protège • protégerons • protégez → _____
10. suis • suivons • suivrez → _____

**B** Conjugue les verbes à l'impératif pour retrouver les slogans.

1. _____ (s'unir, nous) pour le Téléthon !

2. À l'avant comme à l'arrière, attachez votre ceinture. _____ (s'attacher, vous) à la vie !

3. _____ (se mobiliser, nous) contre le harcèlement !

4. _____ (se mobiliser, tu) pour vaincre les préjugés sur le handicap !

**C** Que faire pour réduire la pollution dans les océans et sur les plages ?
Réécris les conseils à la 2ᵉ personne du singulier de l'impératif (*tu*).

1. Tu dois limiter ta consommation de plastique. → Limite ta consommation de plastique !
2. Tu ne dois rien jeter dans la nature.
   → ........................................................................................................
3. Tu dois ramasser tes ordures et mettre tes déchets à la poubelle quand tu quittes la plage.
   → ........................................................................................................
4. Tu dois acheter des crèmes solaires certifiées sans danger pour le milieu marin.
   → ........................................................................................................
5. Tu dois éviter les activités nautiques motorisées et choisir plutôt la voile ou le surf.
   → ........................................................................................................
6. Tu dois recycler tes déchets comme le verre, le plastique et le métal.
   → ........................................................................................................

**D** Écris maintenant les conseils de l'activité C à la 2ᵉ personne du pluriel de l'impératif (*vous*).
Attention aux accords !

1. Limitez votre consommation de plastique !
2. ........................................................................................................
3. ........................................................................................................
4. ........................................................................................................
5. ........................................................................................................
6. ........................................................................................................

## 3. ENGAGEONS-NOUS !

**A** Complète les lettres manquantes pour retrouver qui sont les acteurs de l'engagement.
1. M ... L ... ... A ... T
2. P ... R ... E-P ... ... ... L ...
3. F ... N ... A ... E ... ...
4. B É ... ... V ... L ...

**B** Thomas Pesquet et Omar Sy sont des célébrités engagées. Relis l'article de la page 85 de ton manuel et retrouve les actions de chacun d'entre eux !

- Il aide les enfants isolés ou en situation difficile.
- Il se mobilise pour l'éducation des enfants.
- Il est parti manifester aux États-Unis.
- Il fait des vidéos sur le changement climatique.
- Il aide les enfants malades.
- Il a lancé une pétition sur Internet.
- Il proteste contre les violences policières.
- Il sensibilise les gens aux problèmes de pollution.
- Il soutient des actions humanitaires dans des pays en crise.

# Leçon 3 ▸ Je parle de la solidarité au collège

## 1. S'INVESTIR AU COLLÈGE

**A** La solidarité au collège, c'est quoi ? Associe chaque texte à l'image qui lui correspond.

1. Je suis poli(e) envers les élèves et les adultes : je les salue et je leur souris. → …
2. Je garde mon collège propre : mes ordures, je les jette à la poubelle. → …
3. Je fais attention aux équipements collectifs. Je ne les abîme pas. → …
4. Je respecte les différences physiques et d'opinion. Je ne me moque pas des autres. → …
5. Si un(e) camarade a des difficultés, j'essaie de l'aider à progresser. → …
6. Je ne fais pas de photos ou de vidéos des autres qui peuvent les blesser. → …

**B** Coche les verbes qui se construisent avec *à quelqu'un*.

1. proposer ☐
2. aider ☐
3. donner ☐
4. demander ☐
5. accepter ☐
6. conseiller ☐
7. remercier ☐
8. écouter ☐
9. expliquer ☐
10. dire ☐

## 2. LES PRONOMS COD ET COI

**A** Que remplace le pronom en gras ? Complète selon le modèle en utilisant les compléments suivants : *le tuteur, à la tutrice, les élèves, aux élèves, le travail, les remarques*.

1. Je **les** aide. → les = les élèves → J'aide les élèves.
2. Je **leur** propose des activités. → leur = _____ → _____
3. Je **l'**évalue. → _____ = _____ → _____
4. Je **leur** fais des remarques. → _____ = _____ → _____
5. Je **les** accepte pour m'améliorer. → _____ = _____ → _____
6. Je **lui** demande des explications. → _____ = _____ → _____
7. Je **les** encourage. → _____ = _____ → _____
8. Je **leur** donne des conseils. → _____ = _____ → _____
9. Je **l'**écoute. → _____ = _____ → _____
10. Je **lui** donne une réponse. → _____ = _____ → _____

**B** Complète les réponses avec le pronom qui convient.

1. • Écoutez-vous attentivement votre tutrice ?
   ◦ Oui, nous _____ écoutons attentivement.

2. • Aides-tu souvent tes camarades ?
   ◦ Non, je ne _____ aide pas très souvent.

3. • Demandez-vous à votre professeur de vous donner des explications ?
   ◦ Oui, nous _____ demandons de _____ donner des explications.

4. • Tu remercies ta tutrice ?
   ◦ Oui, je _____ remercie parce qu'elle _____ aide beaucoup.

5. • Tu me donnes la bonne réponse ?
   ◦ Non, je ne _____ donne pas la réponse ! Cherche encore et tu vas _____ trouver tout seul.

6. • Conseillerais-tu à une amie de faire du tutorat ?
   ◦ Oui, bien sûr, je _____ conseillerais de faire du tutorat.

7. • Est-ce que le tuteur note votre travail ?
   ◦ Il _____ évalue et, parfois, il _____ met une note.

8. • Est-ce que vous aimez bien votre tutrice ?
   ◦ Oui, nous _____ adorons !

## 3. SOYONS SOLIDAIRES !

**A** 🔊 16 Écoute l'enregistrement de cette réunion du conseil de la vie collégienne, puis réponds aux questions.

1. De quoi parlent-ils ?
   ☐ Des clubs sportifs au collège.
   ☐ Des projets du collège.
   ☐ Des voyages scolaires.

2. Quelle action vient d'être organisée au collège ?
   ☐ Une collecte de vêtements.
   ☐ Un spectacle de clowns.
   ☐ Une course solidaire.

3. Combien d'argent le collège a récolté pour l'association Le Rire Médecin ?
   _____

4. Qui veut faire quoi ? Associe les actions aux personnes. Plusieurs associations sont possibles !

   | le prof | Karine | David | Yasmine | Adèle |

   a. Féliciter les participants de la course. → le prof
   b. Aider les sans-abri et les plus démunis. → _____
   c. Parler avec sa mère pour organiser un projet au collège. → _____
   d. Rencontrer l'association Emmaüs. → _____
   e. Encourager les élèves à découvrir des films originaux. → _____
   f. Sensibiliser les élèves aux différentes cuisines du monde. → _____

# Autoévaluation

## Je sais utiliser les proportions.

**1** Complète avec les expressions de proportion suivantes : *un quart, un tiers, la moitié*.
a. L'Union européenne possède _____ (= 33 %) des richesses du monde.
b. En Europe, (= 25 %) _____ des familles sont considérées comme pauvres ou exclues.
c. _____ (= 50 %) des citoyens du monde ne peut agir et s'exprimer librement.

## Je sais utiliser le passé récent et le présent continu.

**2** Réécris les phrases en utilisant *venir de* ou *être en train de* selon le sens.
a. Je me suis inscrit à l'instant pour le tutorat au collège.
→ _____
b. Il va finir dans une minute cette activité.
→ _____
c. • Vous faites quoi, les amis ?
  ○ Nous préparons une affiche pour la collecte alimentaire.
→ _____
d. Lave-toi les mains, tu as ramassé des déchets !
→ _____
e. Ils ont manifesté tout à l'heure devant l'école.
→ _____

## Je sais utiliser l'impératif.

**3** Conjugue les verbes à l'impératif.
a. (**trier, tu**) _____ tes déchets !
b. (**se mobiliser, tu**) _____ contre le gaspillage !
c. (**ne pas avoir, tu**) _____ les yeux plus gros que le ventre !
d. (**se servir, vous**) _____ de la nourriture en petite quantité !
e. (**être, tu**) _____ respectueux/euse des équipements collectifs !

## Je sais utiliser les pronoms COD et COI.

**4** Entoure le pronom qui convient.
a. Ma grand-mère, je **se / lui / la** rends visite souvent. Je **l' / la / lui** aide avec son ordinateur. Elle vient de **le / lui / l'** acheter. Je **lui / le / la** explique comment utiliser Internet. Je **lui / le / la** conseille des sites qui pourraient **lui / la / l'** intéresser.
b. Quand nous **leur / les / nous** avons proposé de faire du tutorat dans les classes de 4ᵉ, quelques élèves ont voulu participer. Le tutorat **les / leur / eux** donne le goût d'aider les autres, cela **les / leur / s'** encourage à travailler ensemble pour apprendre mieux. Et nous devons **les / leur / nous** soutenir pour développer cette initiative dans les autres classes l'année prochaine.

# 6 Voyages

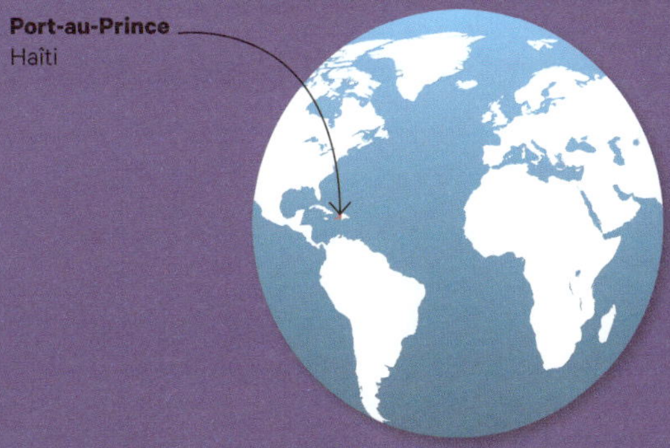

Port-au-Prince
Haïti

Teste tes connaissances avant de commencer ! Fais les activités.

**A** Barre l'intrus : *malnutrition • pollution • tutorat • pauvreté.*

**B** Mets cette phrase à l'impératif pour en faire un slogan.
*Tu protèges la nature et tu te mobilises pour réduire tes déchets.*

**C** Réécris la phrase en remplaçant les mots en gras par des pronoms compléments.
*Un(e) tuteur/trice écoute **l'élève**, il/elle aide **l'élève** et explique **à l'élève** ce qui est difficile.*

**D** Classe ces expressions de l'opinion de la moins forte à la plus négative.

C'est scandaleux !   Je trouve ça incroyable.

Je trouve ça surprenant.

La Citadelle Laferrière.

# Leçon 1 ▶ Je parle de mes vacances

## 1. J'ADORE LES VACANCES !

**A** 🔊 17 Écoute ces trois adolescents parler de leurs vacances et complète le tableau.

|  | Yvan | Linda | Corantin |
|---|---|---|---|
| lieux | | | |
| logements | | | |
| moyens de transport | | | |

**B** 🔊 17 Écoute à nouveau et relève les expressions d'enthousiasme des trois adolescents.

Yvan : ......................................................................................................................
Linda : ......................................................................................................................
Corantin : ..................................................................................................................

## 2. PASSÉ COMPOSÉ OU IMPARFAIT ?

**A** Observe ces photos de vacances de Floriane et imagine ce qu'elle a fait en alternant le passé composé et l'imparfait.

......................................................................................................................
......................................................................................................................
......................................................................................................................
......................................................................................................................

**B** Complète cet e-mail de Simon en conjuguant les verbes entre parenthèses au passé composé ou à l'imparfait.

**De :** Simon1412@globe-trotteur.fr
**Objet :** Vacances d'été

Salut Dimitri !
Comment vas-tu ?

Je _____ (**partir**) en Australie avec mes parents. C'était super !!
Il _____ (**faire**) très chaud et nous _____ (**aller**) à la plage !
Il y _____ (**avoir**) beaucoup de touristes.

Il faut que je te raconte une histoire incroyable qui _____ (**se passer**) à la plage. On _____ (**faire**) du surf avec ma sœur, on _____ (**s'amuser**) bien quand soudain j'_____ (**entendre**) un cri…

Tout le monde _____ (**commencer**) à courir pour se rendre sur la plage. Avec ma sœur, nous _____ (**nager**) le plus vite possible pour rejoindre la plage. Quand nous _____ (**sortir**) de l'eau, nous _____ (**regarder**) l'horizon et nous _____ (**voir**) un requin !!!
J'_____ (**avoir**) super peur !!

Et toi, comment se passent tes vacances ?

**C** Raconte les anecdotes de vacances de ces adolescents au passé composé et à l'imparfait en utilisant les éléments proposés.

1. Jérôme • faire le tour des châteaux de la Loire • pleuvoir tous les jours

2. Virginie • visiter Tokyo • ne pas aimer • y avoir trop de trafic

3. Estelle • ne pas aller à la plage • faire trop chaud

4. Gaëlle • aller au grand marché à Fort-de-France • aimer • y goûter beaucoup de plats épicés

5. Anthony • nager dans la mer • voir une méduse • avoir très peur

## 3. ÇA M'A VRAIMENT PLU !

**A** Choisis une des trois situations de voyage proposées et commente-la à l'aide des expressions que tu connais.

| excursion ou voyage de classe | vacances en pleine nature | vacances culturelles |

Je suis allé visiter le palais Sans-Souci en Haïti avec ma classe. J'ai adoré !

# Leçon 2 ▸ Je parle de monuments et de sites touristiques

## 1. SITES ET MONUMENTS

**A** Complète le nom de ces monuments et sites touristiques à l'aide des étiquettes. N'oublie pas l'article devant !

musée | statue | château | porte | pont | parlement | citadelle | pyramides

1. le château de Versailles
2. _____ de Gizeh
3. _____ de Brooklyn
4. _____ de Brandebourg
5. _____ de la Liberté
6. _____ inca de Machu Picchu
7. _____ du Canada
8. _____ du Louvre

**B** La famille d'Élian veut passer les prochaines vacances en Europe. En fonction des préférences de chacun(e), choisis la proposition de séjour qui convient le mieux à toute la famille.

Visite de monuments, randonnée en montagne, kayak de mer

Le père

Visite de monuments, randonnée, gastronomie

La mère

Paddle, balade, kayak de mer

Pascaline

Activités sportives, plongée sous-marine, paddle

Élian

### Séjour à Rome (Italie)
Visite des quartiers historiques et du Vatican, excursions sur le mont Janicule et pique-nique au parc Borghese.
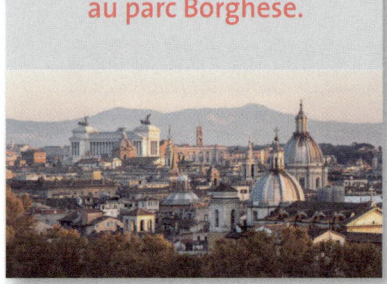

### Séjour à Malaga (Espagne)
Visite du palais Alcazaba avec dégustation, divers sports nautiques, randonnée au chemin du Roi.

### Séjour à Genève (Suisse)
Baignade et voile sur le lac Léman, visite de musées (Maison Tavel, Mamco, musée d'Art et d'Histoire, musée de la Croix-Rouge), initiation au parapente.

## 2. LES PRONOMS RELATIFS *QUI, QUE, OÙ*

**A** Complète ces devinettes avec *qui, que, où* et devine de quoi ou de qui on parle.

| la Grande Braderie | Fort-de-France | Omar Sy |
| la poutine | Vincent Van Gogh | le créole |

1. C'est un événement _____ a lieu dans le nord de la France, _____ l'on peut acheter de nombreux objets pas chers. → _____
2. C'est une ville française _____ se trouve dans les Caraïbes. → _____
3. C'est un plat _____ les Québécois(es) adorent manger. → _____
4. C'est une langue _____ l'on parle en Martinique et en Guadeloupe. → _____
5. C'est un acteur et humoriste français _____ a créé une association pour aider les enfants à l'hôpital. → _____
6. C'est un peintre néerlandais _____ a longtemps vécu en France. → _____

**B** Entoure le pronom relatif qui convient.

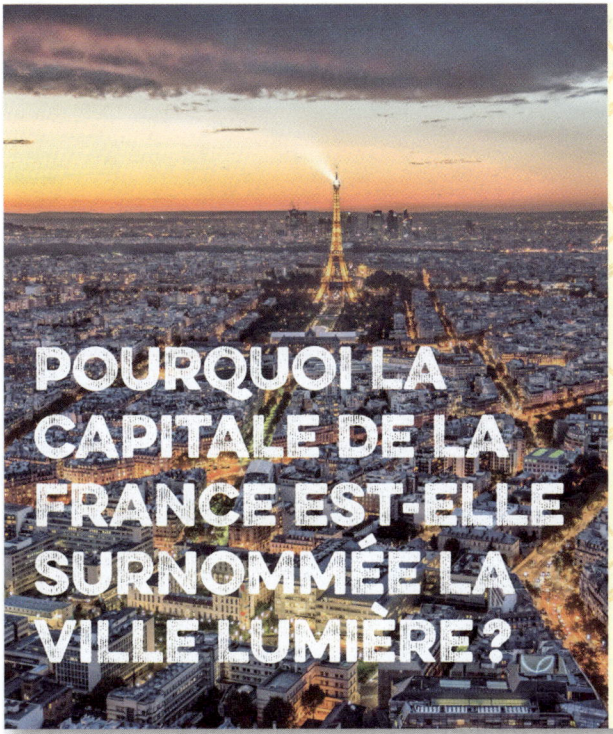

POURQUOI LA CAPITALE DE LA FRANCE EST-ELLE SURNOMMÉE LA VILLE LUMIÈRE ?

On dit que Paris est une ville **qui / que / où** ne dort jamais. Il y a partout des restaurants **qui / que / où** on peut goûter des plats français et d'autres cuisines aussi. Le monument parisien **qui / que / où** tout le monde connaît, c'est la tour Eiffel, mais il y a d'autres monuments **qui / que / où** valent la peine d'être visités, comme l'Arc de triomphe ou la basilique du Sacré-Cœur. Le Louvre est le musée **qui / que / où** se trouvent des tableaux parmi les plus célèbres au monde.

À Paris, vous trouverez aussi des lieux calmes et romantiques, comme Montmartre, **qui / que / où** vous pouvez choisir pour une promenade en amoureux. C'est une ville **qui / que / où** surprend toujours !

**C** Parle de tes goûts. Utilise les pronoms relatifs et les étiquettes.

| le football | voyager en avion | la France | vivre sur une île |
| faire du shopping | visiter des musées | étudier à l'étranger |

La France est un pays où j'aimerais aller. Le football est un sport que je déteste.

# Leçon 3 ▸ Je parle de mes expériences de voyage

## 1. J'AI FAIT PLEIN DE CHOSES

**A** 🔊 18 Leïla et Mathieu se racontent leurs vacances. Écoute et coche vrai ou faux. Puis, corrige les phrases fausses.

|  | Vrai | Faux |
|---|---|---|
| 1. Leïla est partie en vacances avec ses parents. |  |  |
| 2. Mathieu est allé à Biarritz. |  |  |
| 3. Mathieu n'a pas fait de surf car l'eau était froide. |  |  |
| 4. Leïla a déjà fait un baptême de plongée à Ajaccio. |  |  |
| 5. Mathieu a surtout fait des randonnées à la montagne. |  |  |

**B** À toi ! Raconte un souvenir de voyage (excursion ou voyage scolaire, vacances culturelles…).

## 2. L'EXPRESSION DU TEMPS

**A** Observe ces lignes du temps et construis des phrases avec les éléments proposés et les expressions de temps : *il y a, depuis, dans*.

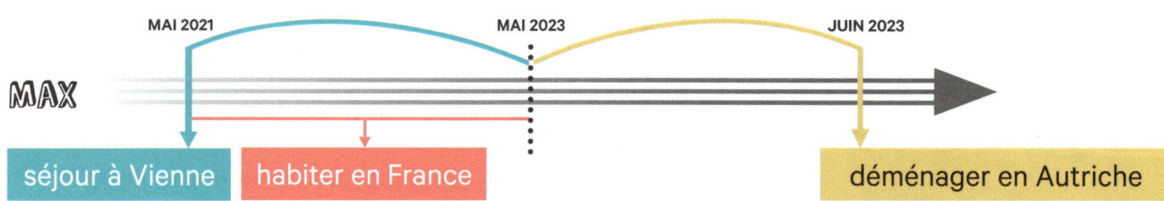

Max a fait un séjour à Vienne il y a deux ans. Il habite en France depuis deux ans. Dans un mois, il va déménager en Autriche.

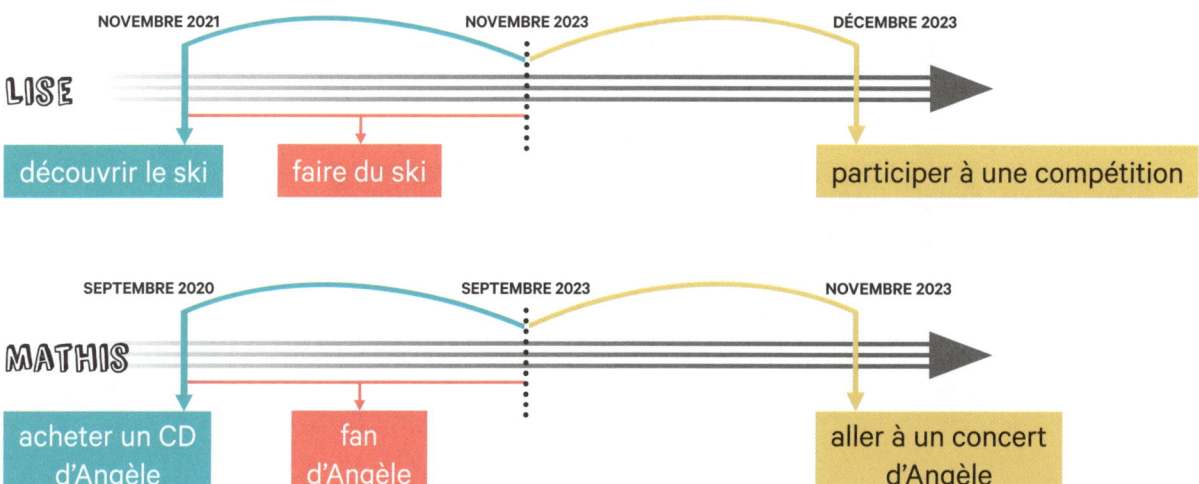

50 | cinquante

**B** À toi maintenant, complète ta ligne du temps et écris trois phrases comme dans l'exemple de l'activité A.

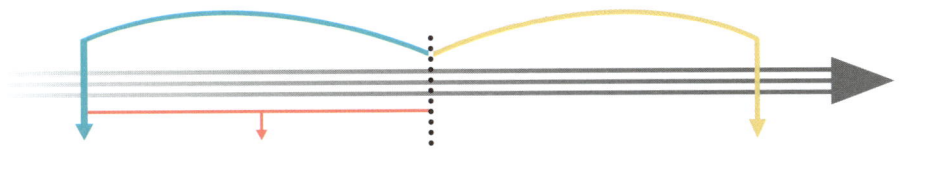

## 3. LES MARQUEURS TEMPORELS

**A** En t'aidant des informations entre parenthèses, complète le texte avec le marqueur temporel correspondant. Nous sommes le 30 août 2023.

hier    aujourd'hui    l'année dernière    avant-hier    demain    la semaine dernière

**De :** lea1106@globe-trotteur.fr
**Objet :** Vacances d'été

Salut Karim,

Comment vas-tu ? Je n'ai pas eu le temps de t'écrire parce que je suis bien occupée pour ces vacances. Je suis arrivée à Marseille. **(Du 20 au 28 août)** _____, nous étions en Espagne chez mes cousins. **(Le 30 août 2023)** _____, nous avons visité le Mucem. J'ai adoré !
**(Le 29 août 2023)** _____, nous avons passé une journée tranquille à la plage parce qu'**(le 28 août 2023)** _____, j'ai eu le mal de mer lors de la balade en bateau, quelle horreur !! **(Le 31 août)** _____, je vais commencer un stage de planche à voile.
**(En 2022)** _____, j'ai fait du surf et je n'ai pas aimé rester tout le temps dans l'eau !

Et toi ? Comment se passent tes vacances ?
Léa

**B** Lis ces phrases et remets-les dans l'ordre pour reconstruire la réponse de Karim à Léa.

a. ( ) D'abord, Issa voulait aller à la campagne, mais moi, j'ai insisté pour aller à la montagne.
b. ( ) Finalement, nous sommes rentrés en train et nous avons passé le dimanche devant la télévision.
c. ( ) Coucou Léa !
d. ( ) Ensuite, la voiture est tombée en panne.
e. ( ) Bisous.
f. ( ) Alors, nous sommes partis à Tignes en voiture. Puis, nous avons fait du ski mais Issa est tombé et s'est cassé la jambe.

**C** À ton tour, raconte un week-end qui était catastrophique. Utilise les marqueurs temporels : *d'abord, puis, ensuite, finalement*.

cinquante et un | 51

# Autoévaluation

## Je sais alterner le passé composé et l'imparfait.

**1** Conjugue les verbes entre parenthèses au passé composé ou à l'imparfait.

L'année dernière, nous _____ (**passer**) nos vacances en France. D'abord, nous _____ (**aller**) dans le sud, à Nice. Nous _____ (**loger**) dans un camping. Il y _____ (**avoir**) beaucoup de monde et il _____ (**faire**) très chaud. Ensuite, nous _____ (**partir**) dans les Alpes. J'_____ (**faire**) de l'escalade!! Au début, j'_____ (**avoir**) peur mais finalement j'_____ (**adorer**)! Pour finir, nous _____ (**prendre**) l'avion pour Lille. C'_____ (**être**) génial parce que nous _____ (**aller**) à la Grande Braderie. J'ai acheté plein de choses!

## Je sais utiliser les pronoms relatifs *qui, que, où*.

**2** Complète avec *qui, que, où*.
1. Bordeaux est une ville _____ il y a beaucoup de touristes l'été.
2. J'aime beaucoup les couleurs _____ ce peintre utilise dans ses tableaux.
3. Malasaña est un quartier de Madrid _____ je connais bien.
4. Le Mucem est un musée _____ se trouve à Marseille.
5. La Réunion est l'île _____ sont nés mes grands-parents.

## Je sais utiliser les expressions de temps.

**3** Entoure l'expression de temps qui convient.
1. Nous sommes amies **depuis / il y a** quinze ans.
2. **Dans / Il y a** quatre mois, je suis parti vivre en Argentine.
3. Je reste chez mes cousins **depuis / jusqu'à** la semaine prochaine.
4. On a cours **il y a / jusqu'à** 15 h.
5. **Dans / Depuis** deux jours, ce seront les vacances!

## Je sais utiliser les marqueurs temporels.

**4** Observe les calendriers et dis ce que Mélanie a fait et ce qu'elle va faire.
Nous sommes le samedi 5 mars 2023.

MARS 2023
**jeudi 2**
commencer des cours d'italien

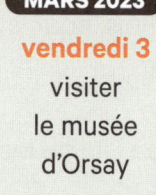
MARS 2023
**vendredi 3**
visiter le musée d'Orsay

MARS 2023
**lundi 6**
aller voir une compétition de judo

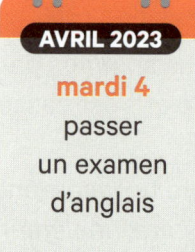
AVRIL 2023
**mardi 4**
passer un examen d'anglais

MARS 2024
**mardi 5**
partir étudier en Italie

# Préparation au DELF A2.1

## Nature des épreuves

**2 ÉPREUVES → 2 CONVOCATIONS POUR L'EXAMEN :**

**1 LES ÉPREUVES COLLECTIVES**
Elles sont composées de trois parties :
- la compréhension de l'oral
- la compréhension des écrits
- la production écrite

**2 L'ÉPREUVE INDIVIDUELLE de production et interaction orales**
Elle est composée de trois parties :
- l'entretien dirigé
- le dialogue simulé
- l'exercice en interaction

| NATURE DES ÉPREUVES | DURÉE TOTALE : 1h 25 | NOTE SUR 100 |
|---|---|---|
| **ÉPREUVES COLLECTIVES** | | |
| **COMPRÉHENSION DE L'ORAL (CO)** Réponse à des questionnaires portant sur quatorze courts documents enregistrés ayant trait à des situations de la vie quotidienne (2 écoutes). Durée maximale des documents : 3 minutes | 20 minutes environ | 25 |
| **COMPRÉHENSION DES ÉCRITS (CE)** Réponse à des questionnaires de compréhension portant sur onze documents relatifs à des situations de la vie quotidienne. | 30 minutes | 25 |
| **PRODUCTION ÉCRITE (PE)** Épreuve en deux parties. Rédaction de deux brèves productions écrites (lettre amicale ou messages) : • décrire un événement ou des expériences personnelles • écrire pour inviter, remercier, s'excuser, demander, informer, féliciter | 30 minutes | 25 |
| **ÉPREUVES INDIVIDUELLES** | | |
| **PRODUCTION ET INTERACTION ORALES (PO)** Épreuve en trois parties : • entretien dirigé • dialogue simulé • exercíce en interaction | 10 minutes de préparation (exercices 2 et 3) Passation 5 à 8 minutes | 25 |

Seuil de réussite pour obtenir le diplôme : 50 / 100
Note minimale requise (pour chaque épreuve) : 5 / 25

# Compréhension de l'oral

Vous allez écouter plusieurs documents. Il y a deux écoutes. Avant chaque écoute, vous entendez le son suivant ☼. Dans les exercices 1, 2 et 3, pour répondre aux questions, cochez (☒) la bonne réponse.

## EXERCICE 1                                                                 6 points

🔊 19  Vous allez entendre six documents.

**Document 1**

Lisez la question. Écoutez, puis répondez.

1. Que devez-vous faire ?

❑  ❑  ❑  ❑  ❑  ❑  ❑

**Document 2**

Lisez la question. Écoutez, puis répondez.

2. Il est interdit…
   ❑ de bavarder.      ❑ d'utiliser son téléphone portable.      ❑ d'utiliser sa tablette.

**Document 3**

Lisez la question. Écoutez, puis répondez.

3. Que devez-vous faire pour participer ?

❑       ❑       ❑

**Document 4**

Lisez la question. Écoutez, puis répondez.

4. Cet hiver, le musée est ouvert…
   ❑ le matin.      ❑ l'après-midi.      ❑ le soir.

**Document 5**

Lisez la question. Écoutez, puis répondez.

5. Où est le lieu de rendez-vous ?
   ❑ La piscine.      ❑ La bibliothèque.      ❑ Le cinéma.

**Document 6**

Lisez la question. Écoutez, puis répondez.

6. Quelle spécialité pouvez-vous préparer aujourd'hui ?

❑  ❑  ❑  ❑  ❑

## 🔊 Compréhension de l'oral

## EXERCICE 2                                                                 *6 points*

🔊 20 Vous allez entendre trois annonces radio.

### Document 1

Lisez la question. Écoutez, puis répondez.

   **1.** De quel événement on parle ?

   ❒    ❒    ❒

   **2.** Vous pouvez réserver vos places…
   ❒ à la mairie.
   ❒ à l'office de tourisme.
   ❒ à la salle des concerts.

### Document 2

Lisez la question. Écoutez, puis répondez.

   **3.** Cet événement a lieu…
   ❒ toutes les semaines.
   ❒ tous les mois.
   ❒ tous les lundis.

   **4.** Pour participer, il faut…
   ❒ téléphoner.
   ❒ aller sur le site de la radio.
   ❒ écrire un e-mail.

### Document 3

Lisez la question. Écoutez, puis répondez.

   **5.** Quel est le thème de cette émission ?

   ❒    ❒    ❒

   **6.** Si vous appelez, vous pouvez…
   ❒ parler en direct.
   ❒ présenter un livre.
   ❒ vous inscrire à l'association.

# Compréhension de l'oral 🔊

## EXERCICE 3                                                                 6 points

🔊 21 Vous entendez ce message sur votre répondeur.
Lisez les questions, puis répondez.

1. Aminata vous appelle pour…
   ❒ lui apporter un livre.
   ❒ la sortie avec la prof de français.
   ❒ aller à la bibliothèque municipale.

2. Que se passe-t-il à 15 h 30 ?
   ❒ L'auteure signe des autographes.
   ❒ La conférence commence.
   ❒ Vous avez rendez-vous à la bibliothèque.

3. À quelle heure avez-vous rendez-vous avec Aminata ?
   ❒ 14:30        ❒ 15:00        ❒ 15:30

4. Aminata vous propose…
   ❒ de vous apporter votre livre.
   ❒ de vous apporter une bouteille et un stylo.
   ❒ d'aller à la bibliothèque ensemble.

5. Où est-ce qu'Aminata vous donne rendez-vous ?
   ❒ Devant chez elle.    ❒ Devant chez vous.    ❒ Devant la bibliothèque ensemble.

6. Pour confirmer, vous devez…
   ❒ 📞        ❒ 💬        ❒ ✉️

## EXERCICE 4                                                                 7 points

🔊 22 Vous écoutez quatre dialogues. Cochez (☒) pour associer chaque dialogue à la situation correspondante. Attention : il y a six situations mais seulement quatre dialogues. Lisez les situations. Écoutez les dialogues, puis répondez.

|  | Dialogue 1 | Dialogue 2 | Dialogue 3 | Dialogue 4 |
|---|---|---|---|---|
| Proposer de l'aide | ❒ | ❒ | ❒ | ❒ |
| Refuser une invitation | ❒ | ❒ | ❒ | ❒ |
| Inviter quelqu'un | ❒ | ❒ | ❒ | ❒ |
| S'excuser | ❒ | ❒ | ❒ | ❒ |
| Se renseigner sur un horaire | ❒ | ❒ | ❒ | ❒ |
| Proposer une sortie | ❒ | ❒ | ❒ | ❒ |

# Compréhension des écrits

Pour répondre aux questions, cochez (☒) la bonne réponse.

## EXERCICE 1                                          6 points

Vous voulez proposer des activités à vos ami(e)s français(es). Lisez ces descriptifs.
À quelle personne allez-vous proposer chaque activité ? Attention, il y a huit personnes mais seulement six documents (deux personnes ne sont associées à aucun document).
Cochez (☒) une seule case pour chaque document.

**1. SALON DU MANGA ET DE LA BD DE MARDI À SAMEDI**

Venez rencontrer vos auteur(e)s de mangas préféré(e)s !
Des séances de dédicaces toute la journée et des animations gratuites !
**Entrée libre**

**2. OBJETS CONNECTÉS**
samedi 18

Des informaticien(ne)s vous font découvrir les nouvelles technologies et les objets connectés dans l'espace culturel de la mairie.

**3.** *Cuisine en fête ce week-end !*

Des ateliers de cuisine tout le week-end ! Venez découvrir comment réussir la meilleure carbonade de France !
**Un vrai régal !**

**4. Stage de saut à l'élastique et d'escalade Été 2022**

Venez à Biscarrosse pendant les vacances d'été ! Émotions fortes garanties avec ce stage ! Tarifs sur notre site
**Mimizan.org.activites**

**5. Cinéma : documentaire sur les rois de France !**

De Clovis Ier à Charles X, entrez dans une fresque historique passionnante !
**Jusqu'au 25 juillet**
**Tarif réduit pour les moins de 16 ans**

**6. STAGE « SOINS ANIMALIERS » AU ZOO DE LA BARBEN**

Venez découvrir le passionnant métier de soigneur au zoo. Vous rencontrerez Marc et Cécile qui vous apprendront comment prendre soin des girafes et des éléphants.
**Infos : 04 42 78 98 39**

|  | Doc. 1 | Doc. 2 | Doc. 3 | Doc. 4 | Doc. 5 | Doc. 6 |
|---|---|---|---|---|---|---|
| Camille est passionnée de nouvelles technologies et de théâtre. | ☐ | ☐ | ☐ | ☐ | ☐ | ☐ |
| Maël adore la musique traditionnelle et la littérature. | ☐ | ☐ | ☐ | ☐ | ☐ | ☐ |
| Louane adore cuisiner et manger. Elle veut devenir cheffe. | ☐ | ☐ | ☐ | ☐ | ☐ | ☐ |
| Victoria est passionnée par la BD et le Japon. | ☐ | ☐ | ☐ | ☐ | ☐ | ☐ |
| Aminata aime écrire et inventer des histoires. Elle rêve de devenir auteure. | ☐ | ☐ | ☐ | ☐ | ☐ | ☐ |
| Martin adore les animaux et veut devenir vétérinaire. | ☐ | ☐ | ☐ | ☐ | ☐ | ☐ |
| Maéva est une passionnée de l'histoire de France. | ☐ | ☐ | ☐ | ☐ | ☐ | ☐ |
| Élian aime le sport et les sensations fortes. | ☐ | ☐ | ☐ | ☐ | ☐ | ☐ |

# Compréhension des écrits

## EXERCICE 2                                    6 points

Votre amie francophone vous écrit ce message. Lisez le document, puis répondez aux questions.

---

**De :** camille.VBP@globe-trotteur.fr
**Objet :** Semaines de l'engagement

Salut !

Comment ça va ?

Comme tu sais, je voudrais partager avec les autres et donner de mon temps libre. Je vais donc participer aux Semaines de l'engagement qui ont lieu du lundi 7 novembre au mercredi 7 décembre pour choisir une association. Tu peux voir toutes les associations auxquelles tu peux t'inscrire du lundi au mercredi, de 9 h à 17 h.

Il y a 800 associations. J'ai déjà vu qu'il y a une association pour les enfants hospitalisés, je vais aller leur parler. J'hésite avec une autre association qui aide les plus démunis et leur offre des repas. C'est difficile de choisir entre les deux !

Je sais que toi aussi tu veux devenir bénévole. Est-ce que tu veux venir avec moi ?

Si tu es d'accord, on peut se retrouver mardi 8 novembre à l'entrée de la Cité des Associations à 15 h, devant le stand de la Croix-Rouge. On mangera sur place : il y a des stands qui vendent des sandwichs et des boissons. La soirée se termine vers minuit, mais mes parents peuvent te raccompagner chez toi.

Appelle-moi avant vendredi 11 h ! À plus !

Camille

---

1. Camille veut participer aux Semaines de l'engagement pour...
   ☐ aider et partager avec les autres.
   ☐ aider les enfants hospitalisés.
   ☐ choisir une association.

2. Quel jour Camille veut-elle aller à cet événement ?
   ☐ Lundi.          ☐ Mardi.          ☐ Mercredi.

3. À quelle heure se termine l'événement ?
   ☐ 6h00            ☐ 12h00           ☐ 5h00

4. Pour participer, vous devez répondre à Camille avant...
   ☐ mardi.          ☐ jeudi.          ☐ vendredi.

5. Avec quelle association Camille va-t-elle parler ?
   ☐ les blouses roses    ☐ énergie JEUNES    ☐ Banques Alimentaires    ☐ Vision du Monde

6. À quelle heure est le rendez-vous avec Camille ?
   ☐ 11 h.           ☐ 15 h.           ☐ 17 h.

## Compréhension des écrits

### EXERCICE 3                                                6 points

Vous êtes chez votre correspondant(e) en France et vous participez aux activités quotidiennes de la famille. Lisez ces documents, puis répondez aux questions.

**Document 1**

**ORGANISATION QUOTIDIENNE**

**1 Petit déjeuner**
Après avoir pris votre petit déjeuner à 7h, vous devez mettre les tasses dans le lave-vaisselle et faire démarrer l'appareil. Mettez le programme court d'1h30. Ne mettez pas les verres !

**2 Chambres**
N'oubliez pas de faire votre lit et de ranger vos vêtements avant de partir à 7h30. Pensez à éteindre la lumière. Je m'occupe du lave-linge.

**3 Dîner**
Vous trouverez le repas du soir dans le frigo. Vous pouvez dîner vers 20h mais pas plus tard !

**4 Télévision**
Vous pouvez regarder la télé jusqu'à 22h30.

**Dernier rappel :** Pas de téléphone portable dans les chambres la nuit !

1. Que devez-vous mettre dans le lave-vaisselle ?
   ☐ Les vêtements.      ☐ Les tasses.      ☐ Les verres.

2. Jusqu'à quelle heure vous pouvez regarder la télé ?
   ☐ 22h30.      ☐ 20h.      ☐ 07h30.

**Document 2**

### Gâteau au chocolat fondant rapide

- 200 grammes de chocolat
- 100 grammes de beurre
- 3 œufs
- 50 grammes de farine
- 100 grammes de sucre en poudrre

1. Préchauffez votre four à 180 °C (thermostat 6). Dans une casserole, faites fondre le chocolat et le beurre coupé en morceaux à feu très doux.
2. Dans un saladier, mélangez le sucre, les œufs et la farine.
3. Ajoutez le mélange chocolat-beurre. Mélangez bien.
4. Beurrez et farinez votre moule, puis versez-y la pâte à gâteau.
5. Faites cuire au four environ 20 minutes.
6. À la sortie du four, le gâteau ne paraît pas assez cuit. C'est normal, laissez-le refroidir, puis démoulez-le.

3. Que faut-il faire en premier ?
   ☐ Mélanger le sucre et les œufs.
   ☐ Couper le beurre en morceau.
   ☐ Faire fondre le beurre et le chocolat.

4. Avant de démouler ce gâteau, il faut…
   ☐ fariner le moule.      ☐ le laisser refroidir.      ☐ beurrer le moule.

# Compréhension des écrits

**Document 3**

Bonjour, j'ai invité des amis ce soir mais je n'ai pas le temps d'aller faire les courses.

J'ai fait une commande sur Internet au supermarché à côté de la maison. Il faudra le récupérer entre 14 h et 16 h 30. Je sais que tu termines tes cours à 15 h, donc tu peux passer prendre les courses après.

Il faut présenter le code-barres de la facture que j'ai laissé sur la table du salon et je t'envoie le numéro de client par SMS. Vérifie que dans les paquets, il y a la viande ! La dernière fois, ils l'ont oubliée !!

Merci,

Maman

5. Que devez-vous faire ?
   ☐ Acheter de la viande.   ☐ Envoyer un SMS.   ☐ Récupérer les courses.

6. Où se trouve le code-barres de la facture ?
   ☐ Sur les paquets.   ☐ Sur la table.   ☐ Sur le téléphone.

## EXERCICE 4   *7 points*

Vous êtes chez votre ami(e) français(e). Vous lisez un article dans son journal favori.
Lisez le document, puis répondez aux questions.

### La grotte Chauvet en réalité virtuelle !

Fermée au public depuis 1994, date de sa découverte, la grotte Chauvet est maintenant accessible en réalité virtuelle et à 360° sur YouTube grâce à Google Arts & Culture.

C'est l'occasion de découvrir les premières œuvres créées par l'homme… comme si vous y étiez et gratuitement depuis votre canapé !

La grotte a été inscrite sur la liste du patrimoine mondial de l'Unesco en 2014, elle est connue dans le monde entier, mais « elle ne pourra plus jamais être visitée », comme l'indique Pascal Terrasse. En effet, elle abrite 36 000 ans d'histoire et les dessins rupestres d'une valeur inestimable (ours, bisons, chevaux…) des premiers hommes. L'inauguration de sa restitution numérique a eu lieu le 28 janvier 2021 au Musée de l'homme.

1. Quand la grotte a-t-elle été découverte ?
   ☐ En 1994.   ☐ En 2014.   ☐ En 2021.

2. Il n'est plus possible de la visiter.
   ☐ Vrai.   ☐ Faux.

3. La grotte n'est pas inscrite au patrimoine mondial de l'Unesco.
   ☐ Vrai.   ☐ Faux.

4. La restitution numérique de la grotte a eu lieu…
   ☐ en 1994.   ☐ en 2014.   ☐ en 2021.

5. Vous pouvez admirer les premières œuvres de l'homme…
   ☐ depuis chez vous.   ☐ dans la grotte.   ☐ au Musée de l'homme.

# Production écrite

## EXERCICE 1
*13 points*

Vous écrivez à votre correspondant(e) francophone. Vous lui parlez de votre ville : où elle est située, les monuments à visiter, les activités que vous pouvez faire… Vous lui donnez vos impressions sur les lieux que vous aimez.

## EXERCICE 2
*12 points*

Vous avez reçu cet e-mail de votre amie Louna. Vous lui répondez. Vous refusez son invitation. Vous vous excusez et vous lui expliquez pourquoi vous ne pouvez pas aller faire la randonnée. Vous lui proposez une autre sortie (60 mots minimum).

**De :** louna.b@globe-trotteur.fr
**Objet :** Sortie randonnée samedi

Comment ça va ?
Samedi, nous allons faire une randonnée à la montagne avec mes parents.
Est-ce que tu veux venir avec nous ? Nous partons à 9 h et nous reviendrons vers 18 h.
Réponds-moi vite !
Bises,
Louna

# Production et interaction orales

L'épreuve se déroule en trois parties : un entretien dirigé, un dialogue simulé (ou jeu de rôle) et un exercice en interaction. Elle dure de cinq à sept minutes. Vous disposez de 10 minutes de préparation pour les parties 2 et 3 (dialogue simulé et exercice en interaction).

## EXERCICE 1 — *1 minute 30 environ*

### Entretien dirigé

Après avoir salué votre examinateur/trice, vous vous présentez (vous parlez de vous, de votre famille, de vos amis, de vos études, de vos goûts, des animaux que vous aimez, etc.). L'examinateur/trice vous posera des questions complémentaires.

→ Exercice sans préparation

*Exemples de questions :*

- Vous vous appelez comment ?
- Votre nom, comment ça s'écrit ?
- Parlez-moi de votre famille.
- Parlez-moi de votre appartement / maison.
- Quels sont vos loisirs préférés ?
- Parlez-moi d'une journée habituelle. Vous vous levez à quelle heure ? Qu'est-ce que vous prenez pour le petit déjeuner ? Vous rentrez à quelle heure à la maison ? Qu'est-ce que vous faites le soir ?
- Qu'est-ce que vous faites pendant le week-end ?
- Quel jour de la semaine préférez-vous ? Pourquoi ? Lequel détestez-vous ? Pourquoi ?
- …

## EXERCICE 2 — *2 minutes environ*

### Dialogue simulé (ou jeu de rôle) 1 sujet au choix

Vous tirez au sort deux sujets et vous en choisissez un. Vous vous exprimez sur le sujet. L'examinateur/trice peut ensuite vous poser des questions pour vous aider.

**SUJET 1. VOTRE VILLE**

Décrivez votre ville. Quel(s) lieu(x) préférez-vous ? Est-ce qu'il y a des choses que vous n'aimez pas dans cette ville ? Lesquelles ? Pourquoi ?

**SUJET 2. ACTEUR/TRICE PRÉFÉRÉ(E)**

Qui est votre acteur/trice préféré(e) ? Décrivez-le / la. Quel film de cet(te) acteur/trice vous avez le plus aimé ? Pourquoi ?

**Production et interaction orales**

### SUJET 3. FAMILLE

Pouvez-vous décrire votre famille ? Est-ce que vous êtes nombreux ? Est-ce que vous vous réunissez souvent pour faire des célébrations ? À quelle(s) occasion(s) ?

### SUJET 4. ANIMAUX

Quel est votre animal préféré ? Pourquoi ? Avez-vous un animal de compagnie ? Lequel ? Comment s'appelle-t-il ? Décrivez-le.

## EXERCICE 3  *3 à 4 minutes*

### Exercice en interaction

Vous tirez au sort deux sujets et vous en choisissez un.
Vous devez simuler un dialogue avec l'examinateur/trice afin de résoudre une situation de la vie quotidienne. Vous montrez que vous êtes capable de saluer et d'utiliser des règles de politesse.

### SUJET 1. PIQUE-NIQUE

Vous voulez organiser un pique-nique avec les élèves de votre classe. Vous parlez au / à la responsable de classe pour lui présenter votre projet : lieu, date, accompagnateur/trice, organisation… Vous décidez ensemble d'un rendez-vous pour présenter le projet au / à la directeur/trice du collège.
L'examinateur/trice joue le rôle du responsable de classe.

### SUJET 2. FÊTE D'ANNIVERSAIRE

Votre ami(e) francophone va fêter son anniversaire et vous êtes invité(e). Vous proposez votre aide à sa sœur pour préparer la fête. Vous vous mettez d'accord pour l'organisation et vous lui demandez des idées de cadeau à lui faire.
L'examinateur/trice joue le rôle de la sœur de votre ami(e).

### SUJET 3. SORTIE CINÉMA

Vous êtes chez votre correspondant(e) francophone et vous voulez aller au cinéma. Vous consultez ensemble le site Internet du cinéma de la ville. Vous dites votre genre de film préféré et vous décidez du film que vous voulez voir ainsi que de l'horaire que vous choisissez.
L'examinateur/trice joue le rôle de votre correspondant(e).

### SUJET 4. AU BUREAU DES OBJETS PERDUS

Vous êtes à la gare, en France. Vous avez perdu votre sac à dos. Vous vous rendez au bureau des objets perdus. Vous expliquez à l'employé(e) les circonstances de la perte, vous décrivez votre sac et son contenu.
L'examinateur/trice joue le rôle de l'employé(e).

# Transcriptions

## UNITÉ 1

### Piste 1 – Activité 2A,
• Bonjour et bienvenue au Mucem de Marseille ! Avant de commencer, je vous rappelle quelques règles à respecter. Tout d'abord, les sacs et les bagages sont interdits pendant la visite. Il faut les déposer au vestiaire, à l'accueil. Ensuite, vous pouvez y aller ! Des questions ?
○ Est-ce qu'on peut prendre notre téléphone portable ?
• Oui, vous avez le droit d'utiliser votre téléphone pour faire des photos. Il y a même une application pour smartphone avec un podcast à écouter.
▪ Et est-ce qu'on est autorisés à manger ?
• Non, vous n'avez pas le droit de manger dans les salles d'exposition. Mais vous pouvez boire. Et dernière chose, nous vous demandons de ne pas faire trop de bruit. Il est interdit de mettre de la musique avec une enceinte ou de téléphoner en mode haut-parleur, par respect pour les autres visiteurs.

### Piste 2 – Activité 2C
• Salut, Fanny !
○ Salut, Léonard ! Tu vas bien ?
• Oui, mais je suis trop fatigué… Je n'ai pas beaucoup dormi.
○ Pourquoi ?
• Hier soir, j'ai fait du babysitting pour le bébé des voisins. Et après, j'ai joué en ligne avec des amis à Fifa.
○ Moi, je suis allée au cinéma avec mes parents, puis j'ai tchatté sur WhatsApp avec mes cousines du Canada. Mais finalement, je ne me suis pas couchée tard !
• Pas comme moi ! Je me suis couché à deux heures et demie…
○ Ah oui ! J'ai oublié de te dire… Quand on est sortis du cinéma, on a vu Kylian Mbappé dans la rue !
• La chance ! Je l'adore.
○ Tiens, regarde : j'ai mis des photos sur Instagram.

### Piste 3 – Activité 2A
a. Non, je ne comprends rien. Je vais demander au prof.
b. Non, je n'ai aucun problème. Toi, oui ? Je t'explique si tu veux.
c. Non, personne n'a répondu mais je l'ai envoyé ce matin et tout le monde est en cours.
d. Non, je ne trouve rien. Je vais chercher sur un autre site.
e. Non, jamais. J'utilise Spotify.

## UNITÉ 2

### Piste 4 – Activité 2A
• Allô ! Bonjour. Je vous appelle parce que j'ai vu l'annonce de l'appartement dans le centre-ville de Rennes. Il est toujours disponible ?
○ Oui, bien sûr, mais il y a beaucoup de personnes intéressées ! C'est un bel appartement.
• Nous sommes six personnes et nous voulons passer une semaine au mois de juillet dans la région. Il y a trois chambres dans l'appartement, c'est bien ça ?
○ Oui, c'est bien ça. Il y a deux grandes chambres et une autre plus petite.
• Bien… c'est un peu un problème, mais bon… Et le salon et la cuisine sont séparés ?
○ Non, mais le salon est très grand.
• Il y a une terrasse aussi ?
○ Non, juste un petit balcon.
• Et l'appartement est équipé ?
○ Oui, l'appartement est tout équipé : télévision dans le salon et micro-ondes, lave-vaisselle et un petit barbecue sur le balcon.
• Il y a le Wi-Fi ?
○ Oui, bien sûr.
• Et la salle de bains ?
○ Elle est toute neuve mais assez petite.
• Ah oui… s'il n'y a qu'une salle de bains, c'est un peu juste pour six personnes.
○ J'ai un autre appartement de disponible si vous voulez. Dans le Vieux Rennes. Il est plus grand avec trois grandes chambres et une terrasse. Mais il est un peu plus cher.
• Bon, je vais voir avec mes amis et je vous rappelle.
○ Très bien, mais faites vite, je reçois beaucoup d'appels.
• D'accord. Merci ! Au revoir.

### Piste 5 – Activité 3A
• Bonjour ! Je fais un sondage sur les adolescents et les tâches ménagères. Est-ce que tu fais beaucoup de choses à la maison ?
○ J'essaye d'aider mes parents le plus possible. C'est moi qui range ma chambre, qui passe l'aspirateur. Tous les matins, je fais mon lit avant de partir à l'école. Avec mes frères, on met aussi la table et on fait la vaisselle. On a un tableau à la maison pour répartir les tâches communes.
• C'est bien ! Quelle est la tâche ménagère que tu préfères et celle que tu détestes ?
○ Passer l'aspirateur, ça ne me dérange pas. Mais je déteste faire la vaisselle !!
• Et toi ? Qu'est-ce que tu fais à la maison ?
▪ Ma chambre est souvent en désordre, alors ma mère m'oblige à la ranger au moins une fois par mois ! Je mets aussi la table avec ma sœur.
• Quelle est la tâche ménagère que tu préfères et celle que tu détestes ?

- J'aime bien aller faire les courses avec mon père mais je n'aime pas faire la vaisselle !
- Et toi, est-ce que tu fais beaucoup de choses à la maison ?
- J'aide mes parents à étendre le linge, mettre la table, sortir la poubelle, etc.
- Quelle est la tâche ménagère que tu préfères et celle que tu détestes ?
- Je suis très gourmande, alors j'aide mes parents à faire la cuisine. Par contre, je déteste repasser le linge !

### Piste 6 – Activité 3C
Les enfants, j'ai rempli le kifékoi de cette semaine. Clara, mardi, jeudi et vendredi, c'est toi qui mets la table et qui sors les poubelles. Paul, tu mets la table et tu sors la poubelle lundi, mercredi et samedi. Samedi, pendant que nous faisons les courses avec votre père, vous rangez tous les deux votre chambre. Et dimanche, nous passons la journée au parc d'attractions, donc ce jour-là, il n'y a rien à faire.

## UNITÉ 3

### Piste 7 – Activité 1A
1. C'est l'histoire de deux adolescents nés sous une mauvaise étoile. Hazel, 16 ans, a un cancer mortel. Elle va dans un groupe de soutien pour enfants malades et, là, elle rencontre Augustus Waters. Augustus partage son humour et son goût pour la littérature. Une histoire d'amour commence, mais leur temps est compté…
2. L'histoire se passe pendant la Première Guerre mondiale. Alfa Ndiaye et Mademba Diop, deux amis d'enfance, sont venus du Sénégal en France pour se battre contre les Allemands. Pendant une attaque, Mademba meurt sous les yeux d'Alfa, qui devient fou de colère.
3. Dans ce livre, l'autrice raconte l'histoire d'un enfant différent, celle de son petit frère qui est né handicapé. Toujours allongé, avec des yeux noirs qui ne vous regardent pas, il va changer la vie de ses frères et sœurs qui devront s'adapter. Un roman magnifique.
4. Ophélie habite sur l'arche d'Anima, une ville flottante où les objets sont animés. Ophélie est une jeune fille discrète, mais elle a des dons magiques : elle peut lire le passé des objets et traverser les miroirs. Quand on la fiance à Thorn, elle doit quitter sa vie pour partir avec son étrange fiancé…
5. C'est l'été 2010. Maddi est à la plage avec Esteban, son fils de 10 ans. Elle le laisse quelques minutes seul mais quand elle revient, Esteban a disparu. Dix années plus tard, Maddi revient sur cette plage. C'est alors qu'elle voit un enfant qui est le sosie d'Esteban : même taille, mêmes cheveux, même maillot de bain. Maddi n'a plus qu'une seule obsession : mener l'enquête pour découvrir qui est cet enfant.

### Piste 8 – Activité 1A
1. J'aime les nouvelles de science-fiction.
2. Je regardais beaucoup de films d'amour.
3. Vous marchez tranquillement dans la rue.
4. Tu t'es concentré sur ton exercice.
5. Nous avions 15 ans.
6. Ils écoutent le bruit de la mer.

### Piste 9 – Activité 1B
**Témoignage 1 :** Cela permet d'apprendre plein de choses, et ça me sort du quotidien aussi, quand je lis, j'ai l'impression de changer de monde, d'univers.
**Témoignage 2 :** En ce moment, je lis quatre livres en même temps ! *Le Monde d'hier* de Stefan Zweig, *Hunger Games* (le 3e tome) de Suzanne Collins, *Des gens très bien* d'Alexandre Jardin, *Catherine la Grande* d'Henri Troyat.
**Témoignage 3 :** Je lis tous les jours, plutôt avant de m'endormir en général ou dans les transports en commun.
**Témoignage 4 :** Il existe plusieurs clubs de lecture et chacun fonctionne différemment, nous achetons des livres en France et nous nous les passons et, bien sûr, nous faisons nos commentaires.

### Piste 10 – Activité 2C
- Alors, Aïssata, comment tu as trouvé le spectacle ?
- J'ai déjà vu des spectacles de contes africains quand j'étais enfant, et j'ai trouvé que l'histoire n'était pas terrible. Et toi ?
- Eh bien, je ne suis pas d'accord avec toi. Je pense que le conteur était super. Et ce n'était pas du tout ennuyeux.
- Ouais, bof, j'avais du mal à rester concentrée… Le griot était intéressant, j'aime bien en général qu'on me raconte des histoires… Mais là, les personnages et la fin, ça m'ennuyait un peu.
- D'accord, comme tu veux. Moi, c'était la première fois que je voyais un griot. Et j'ai trouvé ça vraiment chouette !

# Transcriptions

## UNITÉ 4

### Piste 11 – Activité 2A
- Bonjour, quel est le menu du jour ?
- Bonjour ! Alors, en entrée, vous avez le choix entre des tomates mozzarella ou une petite quiche avec de la salade verte.
- C'est de la quiche au fromage ou de la quiche aux légumes ?
- C'est de la quiche lorraine sans fromage.
- Parfait ! Je vais prendre la quiche en entrée. Et pour le plat principal ?
- Je vous recommande la moussaka, elle est servie avec du riz. Et sinon, nous avons aussi des moules-frites !
- Bah, écoutez, je vais suivre votre conseil. Je prends la moussaka. Et pour le dessert, vous avez de la mousse au chocolat ?
- Oh non, désolée, pas aujourd'hui.
- Ah, dommage !
- Mais il y a du fromage blanc aux framboises ou de la semoule aux raisins secs.
- Bon d'accord, je choisis le fromage blanc.
- Très bien.
- Merci beaucoup !

### Piste 12 – Activité 1B
1. Je n'ai pas de problème avec les haricots blancs, j'aime bien ça... Mais le cassoulet, je ne suis pas très fan. C'est trop gras !
2. S'il y a bien un plat qui me rappelle mon enfance, c'est le gratin de chou-fleur à la béchamel ! Ma grand-mère en préparait pour les repas de famille. J'adorais ça et cela n'a pas changé.
3. Quel est le dessert dont je ne pourrais pas me passer ? Le fondant au chocolat, je crois. C'est mon petit plaisir à moi.
4. Le légume que vous ne trouverez jamais dans mon assiette ? Les endives ! Je déteste vraiment ça... C'est trop amer pour moi. Mais ma sœur, elle en raffole. Elle se régale avec des endives au gratin, je ne sais pas comment elle fait.

### Piste 13 – Activité 2A
**Témoignage 1 :** Moi, je finis toujours mon assiette. Et par exemple, à la cantine, je prends une seule tranche de pain, ou alors je partage mon petit pain avec une copine.

**Témoignage 2 :** Je ne fais jamais de grosses courses à l'avance. Et je fais toujours attention à la date limite de consommation des produits frais. Je regarde l'étiquette et, si la date limite est très proche, je vais acheter le produit seulement si j'ai envie de le consommer tout de suite.

**Témoignage 3 :** Je déteste les personnes qui ont les yeux plus gros que le ventre. Quand je me sers une assiette, je prends une petite portion. Si j'ai encore faim après, je pourrai toujours me resservir un peu... C'est tout bête !

**Témoignage 4 :** Nous, à la maison, on ne jette jamais rien. S'il y a des restes, je vais les cuisiner pour le repas suivant ou, tout simplement, je les mets dans une petite boîte et direction le congélateur !

## UNITÉ 5

### Piste 14 – Activité 2A
**Témoignage 1 :** Moi, je me sens toujours mal quand je vois des sans-abri en ville. Je trouve ça incroyable qu'aujourd'hui encore des gens vivent dans la rue parce qu'ils sont pauvres.

**Témoignage 2 :** Les États-Unis font partie des pays qui polluent le plus notre planète. Je ne comprends pas pourquoi le gouvernement n'agit pas davantage pour protéger l'environnement. C'est scandaleux !

**Témoignage 3 :** Les richesses sont tellement mal réparties dans le monde : 1 % des personnes les plus riches possèdent 50 % des richesses mondiales. Vraiment, je trouve ça choquant !

**Témoignage 4 :** On oublie souvent que la malnutrition est un des problèmes les plus graves de notre époque. Seulement un tiers des habitants de la planète mangent correctement et à leur faim. Au XXI$^e$ siècle, c'est surprenant !

**Témoignage 5 :** Tu le savais ? Presque la moitié des personnes dans le monde ne peuvent pas vraiment s'exprimer ou agir librement en fonction de leurs opinions politiques ou religieuses. Je trouve ça révoltant !

### Piste 15 – Activités 1A et 1B
1. Les bénévoles de l'association Lire et faire lire sont des lectrices et des lecteurs passionnés âgés d'au moins 50 ans. Ils ont tous choisi d'offrir un peu de leur temps libre aux enfants afin de leur transmettre leur plaisir de la lecture et des livres. Cela sensibilise les plus jeunes à lire plus, mais aussi cela encourage les relations entre les générations.
2. Vous aimez la plage ? Vous souhaitez qu'elle reste propre et que la pollution ne tue pas l'écosystème de la mer du Nord ? L'association WWF cherche des bénévoles pour une opération de grand nettoyage à la plage pendant les vacances de la Toussaint. Venez les aider à ramasser les déchets ! Les familles sont les bienvenues car c'est important de sensibiliser les enfants à la protection de la nature !
3. La Fondation 30 millions d'amis lutte contre l'abandon d'animaux et se mobilise pour protéger

les animaux contre l'expérimentation et les trafics. Elle sensibilise l'opinion pour défendre les droits des animaux, partout où les animaux souffrent et ont besoin de reconnaissance dans le monde.
4. Une course pour que d'autres marchent ! Courez le semi-marathon de Bruxelles avec Handicap international ! 21 km de course dans la capitale belge pour aider les réfugiés syriens ! Grâce à cette course, des enfants et des adultes blessés qui ont fui la Syrie pourront recevoir des soins indispensables : béquilles, fauteuils roulants, prothèses, kinésithérapie… Si vous n'êtes pas sportif, vous pouvez aussi faire un don pour soutenir la bonne cause. Soyez généreux !

**Piste 16 – Activité 3A**

**Professeur :** Bonjour à tous et merci d'être présents à cette réunion du conseil de la vie collégienne. Tout d'abord, je voudrais parler de la course solidaire que nous venons d'organiser : 170 élèves ont participé à la course en faveur des enfants hospitalisés. C'est un énorme succès : l'association Le Rire Médecin a reçu 635 euros de dons, grâce à vous ! Félicitations, nous pouvons être fiers de notre collège ! Maintenant, je vous propose de faire un tour de table sur vos idées de projets au collège. Alors, qui veut commencer ? Karine, oui, nous t'écoutons !

**Karine :** Avec David, nous avons pensé à organiser une collecte de vêtements pour les gens qui vivent dans la rue. Il y a des personnes qui meurent de froid, c'est révoltant ! Comme c'est bientôt l'hiver, c'est le moment de nous mobiliser.

**David :** En plus, ma mère est bénévole pour l'association Emmaüs qui vient en aide aux sans-abri et aux familles très pauvres… Elle pourra nous aider pour la collecte des vêtements.

**Professeur :** Merci, Karine ! Merci, David ! C'est une très belle initiative. David, tu parles de la collecte avec ta maman, et puis je peux rencontrer l'association Emmaüs pour parler des détails.

**David :** D'accord. Pas de problème.

**Professeur :** Merci. Oui, Yasmine, et toi ?

**Yasmine :** J'ai eu l'idée de faire une Nuit du cinéma au collège. Je pense que ça peut intéresser tout le monde. Le principe, c'est de passer la nuit à l'école pour regarder ensemble des films originaux, des films qu'on n'a pas l'habitude de voir à la télé, des films anciens ou étrangers…

**Professeur :** Oui, c'est très intéressant. Mais, Yasmine, avant tout, nous devons demander l'autorisation au proviseur. Je vais parler avec lui pour voir si c'est possible. D'accord ?

**Yasmine :** Oui, merci, monsieur.

**Professeur :** Adèle, tu veux ajouter quelque chose ?

**Adèle :** Oui, les élèves aimeraient bien avoir plus de variété dans les menus à la cantine. Alors, on pourrait préparer une fois par mois un repas typique d'un pays ? En décembre, on prépare un repas italien, en janvier, un repas chinois, en février, un repas sénégalais, etc. Je trouve ça intéressant pour faire découvrir à tous les cuisines du monde. Je suis en train de réfléchir aux menus.

**Yasmine :** Moi, je veux bien t'aider pour faire un menu marocain ! Ma mère cuisine super bien. Je peux lui demander des conseils !

**David :** Waouh, Adèle ! Je trouve ça super chouette ! Et c'est vrai que la maman de Yasmine cuisine trop bien ! Je veux bien vous aider aussi pour les menus, j'adore cuisiner et manger !

## UNITÉ 6

**Piste 17 – Activités 1A et 1B**

**Yvan :** L'année dernière, avec mes parents, nous sommes allés en Bretagne. Nous avons voyagé en avion jusqu'à Rennes. Ensuite, nous avons loué une voiture et nous sommes allés à Saint-Malo. J'ai adoré !! Puis, nous avons pris le bateau pour aller sur l'île de Jersey. Nous avons dormi dans des campings, heureusement qu'il faisait beau !

**Linda :** Avec mes parents et mon frère, nous sommes allés dans le sud de la France, à côté de Marseille. Nous avons pris le TGV, tu sais le train à grande vitesse. Mes parents ont loué un appartement face à la mer. C'était génial, il a fait beau et chaud et nous sommes allés à la plage tous les jours !

**Corantin :** Tous les ans, nous allons chez des amis dans les Alpes, à Tignes. On a fait le voyage en voiture. C'était long ! J'ai retrouvé mes amis et c'était super ! Nous avons fait de l'escalade et même du ski !!

**Piste 18 – Activité 1A**

- Alors Leïla, raconte-moi tes vacances !
- C'était super ! Je suis partie toute seule en séjour en Corse.
- La chance !
- J'ai rencontré plein de gens sympas. J'ai logé dans un camping.
- Cool ! Moi, je suis parti à Biarritz avec mes parents et ma sœur. Qu'est-ce que tu as fait en Corse ?
- Alors, le premier jour, je me suis promenée dans la ville, puis j'ai passé l'après-midi à la plage. L'eau était claire et chaude !
- Moi, j'ai fait du surf et heureusement que j'avais une combinaison parce que l'eau est froide à Biarritz !
- Oh, mon pauvre ! Eh bien moi, j'ai aussi fait de la plongée et j'ai vu plein de poissons.

# Transcriptions

- Super ! Moi, j'ai fait mon baptême de plongée l'année dernière à Marseille. J'ai adoré !
- C'est génial ! Les jours suivants, j'ai fait des randonnées en montagne.
- Tu as visité la ville d'Ajaccio ?
- Non, le camping était trop loin. Et toi, qu'est-ce que tu as fait d'autre à part le surf ?
- Le matin, on faisait des promenades sur la plage. Un jour, nous sommes allés dans les Pyrénées, pour faire une randonnée.

## DELF

### Piste 19 – Exercice 1

**Document 1 :** Oh, là, là ! Le sol de ta chambre est sale ! Tu dois passer l'aspirateur.

**Document 2 :** Je vous rappelle que l'utilisation du téléphone portable est interdite en classe ! Vous pouvez seulement utiliser votre tablette.

**Document 3 :** Pour participer au concours Journalistes en herbe, envoyez un SMS au 2525 ! Dépêchez-vous, il n'y a pas beaucoup de places !

**Document 4 :** Cet hiver, le musée Picasso est ouvert le soir jusqu'à minuit. Venez découvrir les œuvres de l'artiste dans une ambiance inédite !

**Document 5 :** Je vais à la bibliothèque à 14 h et après à la piscine vers 15 h 30. Rendez-vous à 17 h devant le cinéma ! À plus !

**Document 6 :** La semaine de la gastronomie, c'est parti ! Venez participer à tous les ateliers de cuisine régionale. Aujourd'hui, venez préparer une galette œuf-fromage. Demain, c'est la ratatouille qui sera à l'honneur !

### Piste 20 – Exercice 2

**Document 1 :** Samedi prochain, venez admirer les plus belles œuvres haïtiennes à l'espace jeunes de la mairie, avec plus de 50 tableaux de paysages ! Réservez votre place à l'office de tourisme avant 19 h à côté de la salle des concerts.

**Document 2 :** Bonjour à tous ! C'est lundi et comme tous les mois, nous vous annonçons le nom du gagnant du concours À l'affiche ! Je vous rappelle le principe : vous devez deviner le film qui a obtenu le plus de critiques positives au cours du mois. Si vous le trouvez, envoyez un e-mail à Radiojeunes.com !

**Document 3 :** Aujourd'hui, le président de l'association Tous contre la malnutrition nous présente son livre pour faire agir les jeunes citoyens. 20 % des habitants de la planète souffrent de malnutrition et beaucoup d'enfants meurent de faim. Appelez-nous pour savoir comment vous engager et réagir ! Si vous êtes dans les dix premiers appels vous parlerez en direct !

### Piste 21 – Exercice 3

Salut, c'est Aminata. Je te téléphone pour la sortie avec la prof de français, mercredi. Nous devons être devant la bibliothèque municipale à 15 h, parce qu'après, à 15 h 30, l'auteure Claire Joanne commence la conférence. Il faut apporter notre livre *La Rencontre* pour avoir des autographes à la fin. Je prends mon stylo et une bouteille d'eau. N'oublie pas toi aussi de les prendre. On peut aller à la bibliothèque ensemble en bus. Rendez-vous devant chez toi à 14 h 30 ? Appelle-moi pour confirmer !

### Piste 22 – Exercice 4

**Dialogue 1**
- Coucou ! Tu fais quoi mercredi après-midi ? On peut aller au cinéma ?
- Désolée, Émilie, je ne peux pas venir, je vais chez le dentiste.
- Oh, c'est dommage !

**Dialogue 2**
- Tu as l'air ennuyé, qu'est-ce que tu as ?
- Oui, je ne sais pas à quelle heure est le cours d'espagnol. Tu le sais, toi ?
- C'est à 15 h !

**Dialogue 3**
- Salut, ça va ?
- Ah bonjour, Paul ! Non ça ne va pas du tout ! J'ai un devoir de physique-chimie et je ne comprends rien.
- C'est le devoir pour jeudi ? Je l'ai déjà fait, je peux t'aider si tu veux.
- Ah oui, merci !

**Dialogue 4**
- Alors tu étais où ? Je t'attends depuis une demi-heure !
- Excuse-moi, j'ai raté le bus parce que mon frère était en retard ! Je suis désolé !

# Carte administrative de la France

# Carte de la Francophonie

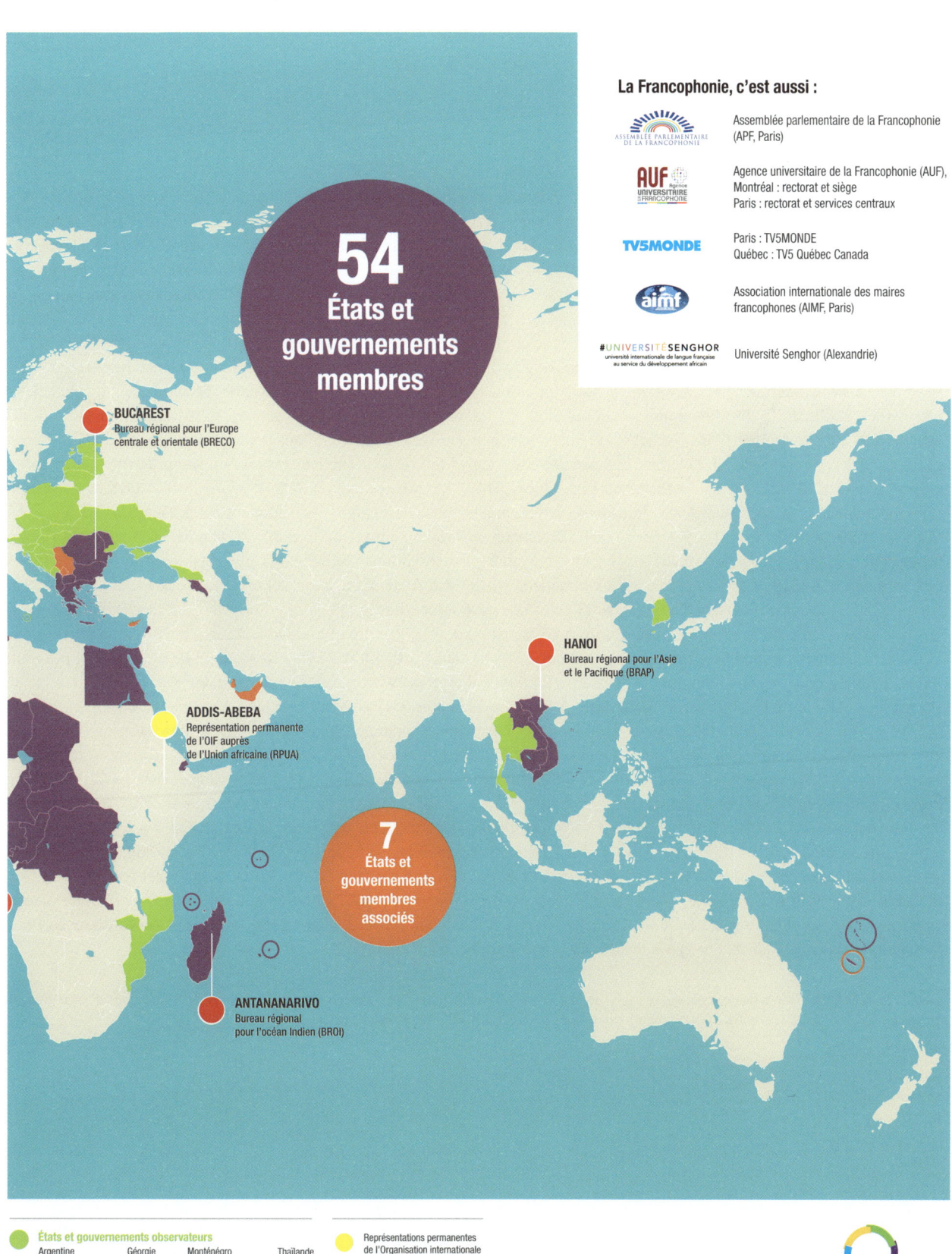

# Crédits

**Édition :** Aurore Baltasar, Estelle Foullon et Gaëlle Suñer
**Conception graphique et couverture :** Laurianne López
**Mise en page :** Ana Varela García
**Illustrations :** Ernesto Rodríguez
**Correction :** Martine Chen

**CRÉDITS PHOTOGRAPHIQUES**
**Couverture :** Istock/Alphotographic, Adobe Stock/Anze, Adobe Stock/Pixel-Shot, Adobe Stock/Africa Studio, Getty/Leland Bobbe, Getty/kali9, Adobe Stock/starsstudio, Istock/shapecharge ; **Les blogueurs : p. 4** Adobe Stock/Pixel-Shot, Adobe Stock/Africa Studio, Getty/Leland Bobbe, Getty/kali9, Adobe Stock/starsstudio, Istock/shapecharge ; **Unité 1 : p. 5** Istock/vitalik19111992, Adobe Stock/Pixel-Shot, Istock/Andrei Vasilev ; **p. 7** Istock/cveiv, Istock/Lubo Ivanko, Istock/stereostok, Dreamstime/Tnymand, Istock/valentinrussanov ; **p. 8** Adobe Stock/bloomicon, Adobe Stock/dietwalther, Adobe Stock/aterrom, Adobe Stock/Zachary, thenounproject.com/Qori ; **p. 9** Getty/ Kristy Sparow ; **p. 10** Istock/Doloves, Istock/yuoak, Istock/AlexaYa, Istock/FreeHand, Adobe Stock/The Best Stocker, Istock/Tetiana Lazunova, Istock/RLT_Images, Istock/nazarkru, Istock/yuoak ; **p. 11** Istock/bluebearry ; **Unité 2 : p. 13** Istock/vitalik19111992, Adobe Stock/Africa Studio, Dreamstime/Claudio Giovanni Colombo ; **p. 14** Istock/Svetlana Mokrova ; **p. 16** Istock/Zozulya, Adobe Stock/PriceM, Adobe Stock/Andy, Istock/jockermax ; **p. 18** Istock/SolStock ; **p. 19** thenounproject.com/Made by Made, Adobe Stock/tiplyashina ; **p. 20** Istock/Amanda Goehlert ; **Unité 3 : p. 21** Istock/vitalik19111992, Getty/Leland Bobb, Adobe Stock/Anze ; **p. 22** © Éditions Points, © Nathan, © Stock, © Presses de la Cité, © Gallimard Jeunesse ; **p. 23** Istock/bombuscreative, Alamy/PictureLux / The Hollywood Archive ; **p. 24** thenounproject.com/Vadym Blakyta ; **p. 25** Istock/GlobalP, Istock/Antagain, Istock/VanWyckExpress, Istock/DrPAS, Istock/malerapaso, Istock/esvetleishaya, Istock/bennymarty ; **p. 26** Istock/Alina Rosanova, Istock/monkeybusinessimages, Istock/mixetto ; **p. 27** Istock/AngelicaMari79 ; **Unité 4 : p. 29** Istock/vitalik19111992, Getty/kali9, Dreamstime/Chromoprisme (null) ; **p. 30** Wikimedia/wikimedia_Ryan Forsythe (fweez), Istock/Sandor Mejias Brito ; **p. 31** Istock/Customdesigner ; Istock/karamba70, Istock/gkrphoto, Istock/Alter_photo, Istock/arfo ; **p. 32** Istock/1191634648, Prostock-Studio, Istock/bonchan, Istock/Olha_Afanasieva, Istock/bhofack2, Istock/Elena_Danileiko, Istock/ClarkandCompany, Istock/locknloadlabrador ; **p. 33** Difusión ; **p. 34** Istock/RedHelga, Istock/Buriy, Istock/Floortje, Istock/Yevheniya Tuzinska, Istock/fcafotodigital, Istock/malerapaso ; **p. 35** Ministère de l'Agriculture et de l'Alimentation ; **p. 36** Adobe Stock/Alextype, Adobe Stock/Pixavril, Adobe Stock/charlottelake, Adobe Stock/ siaivo, Istock/pfb1, Dreamstime/Paul Binet ; **Unité 5 : p. 37** Istock/vitalik19111992, Adobe Stock/starsstudio, Dreamstime/ProductionPerig ; **p. 39** Istock/studiogstock ; **p. 40** 30 millions d'amis, Handicap international, Lire et faire lire, WWF ; **p. 41** Getty/STEPHANE DE SAKUTIN, Getty/Matthias Nareyek ; **p. 43** Openclipart/CDJ ; **Unité 6 : p. 45** Istock/italik19111992, Istock/shapecharge, Wikimedia Commons/Rémi Kaupp ; **p. 46** Istock/Maica, Istock/martin-dm, Adobe Stock/Florence Piot, Istock/anyaberkut, Istock/Eloi_Omella, Istock/AlexandreFagundes, Istock/bruev, Wikimedia/Louis Moutard-Martin-Shipmania, Istock/Fikander82, nounproject.com/Creative Stall, nounproject.com/Juicy Fish ; **p. 47** Istock/Susan_Stewart ; **p. 48** Adobe Stock/rmp91 ; Istock/Wavebreakmedia, Istock/kate_sept2004, Istock/shapecharge, Istock/ROMAOSLO, Istock/SeanPavonePhoto, 'Istock/bennymarty ; **p. 49** Istock/Eloi_Omella, nounproject.com/Timo Schmid ; **DELF : p. 54** Istock/rambo182, Adobe Stock/Jérôme Rommé, Adobe Stock/uckyo, Istock/Philippe Fritsch, Istoc/travellinglight, Istock/bonchan ; **p. 55** Istock/Lya_Cattel, Istock/recep-bg, Milwaukee Art Museum, Gift of Richard and Erna Flagg M1991.127 ; NounProject.com/Adrien Coquet, NounProject.com/Atif Arshad, NounProject.com/Verry ; **p. 56** Istock/rambo182 ; **p. 57** NounProject.com/W. X. Chee, NounProject.com/Foodicons Collectio, NounProject.com/Fran Couto LATIF, NounProject.com/Valeriy ; **p. 58** Istock/JoyImage, Les blouse roses, Banques alimentaires, Vision du Monde, Énergie jeunes ; **p. 59** thenounproject.com/The Icon Z

Tous les textes et documents de cet ouvrage ont fait l'objet d'une autorisation préalable de reproduction. Malgré nos efforts, il nous a été impossible de trouver les ayants droit de certaines œuvres. Leurs droits sont réservés aux Éditions Maison des Langues et Difusión.

© Difusión, Centre de Recherche et de Publications de Langues, S.L., 2023
ISBN : 978-84-1157-020-6
Réimpression : mars 2024
Imprimé dans l'UE

Toute forme de reproduction, distribution, communication publique et transformation de cet ouvrage est interdite sans l'autorisation des titulaires des droits de propriété intellectuelle. Le non-respect de ces droits peut constituer un délit contre la propriété intellectuelle (art. 270 et suivants du Code pénal espagnol).

www.emdl.fr/fle